015

팸플릿 015

진정한 민주공화국을 위하여

마을공화국,
상상에서 실천으로

신용인 지음

한티재

차례

박근혜 국정농단 사태로 온 국민이 분노한 2016년 겨울, 아내
와 함께 광화문 광장에 나가 촛불을 들었다. 광장을 가득 메운
수많은 촛불의 물결을 보며 새로운 나라를 만들겠다는 주권자
의 의지를 읽을 수 있었다. 그때 가슴 벅찬 감동을 평생 잊을
수 있을까? 어느덧 촛불시민혁명이 일어난 지 2년이 지났다.
그렇다면 지금 우리는 새로운 나라를 만들었는가? 아니 우리
가 촛불과 함께 외쳤던 그 새로운 나라는 어떤 나라인가?

　나는 변호사이자 로스쿨 교수로서 헌법에 관심이 많다. 헌
법은 우리나라의 정체성과 기본질서를 정하고 있는 최고규범
이다. 법률, 시행령, 시행규칙, 조례 등 모든 법령은 헌법에 근
거하며 어떠한 법령도 헌법을 위반하면 무효가 된다. 대통령,

국회, 법원 등 각종 국가기관은 모두 헌법을 준수해야 한다. 대한민국 국민이라면 누구나 헌법을 존중하고 따라야 한다. 이처럼 헌법은 밤하늘에 찬란히 빛나는 북두칠성처럼 법질서의 정점에 자리하며 만법의 왕으로 군림하고 있다. 그러나 현실을 돌아보면 전혀 딴판이다. 정치가는 헌법을 무시하며 권력을 함부로 남용하고 국민은 헌법을 알지 못해 주권을 제대로 행사하지 못하고 있는 것이 우리의 슬픈 자화상이다.

헌법 제1조 제1항이 그 대표적인 예라고 할 수 있다. 헌법은 제1조 제1항에서 "대한민국은 민주공화국이다"라고 선언하고 있다. 민주공화국의 참모습은 시민이 스스로 다스리고 모두가 지배로부터 자유를 누리는 나라다. 특정 개인이나 계급의 나라가 아니라 우리 모두의 나라다. 하지만 대한민국의 현실이 그런가? 오히려 대한민국의 실상은 소수가 권력과 부를 독점하며 다수를 지배하는 과두지배체제에 가깝다. 우리 모두를 위한 나라이기보다는 1% 특권층을 위한 나라라는 것이다. 그러다 보니 모두가 1%를 향한 무한경쟁의 도가니에 빠져들어 신음하고 있다. 늦은 감이 있지만, 이제라도 헌법의 정신에 맞게 소수가 독점한 권력과 부를 모두에게 고루 분산시켜야 한다. 시민이 스스로 다스리고 모두가 지배로부터 자유를 누리는 나라를 만들어야 한다. 특권층이 아닌 우리 모두를 위한 대한민국으로 바꿔야 한다. 그래야 대한민국이 진짜 민주공화국이 된다. 그게 촛불시민이 바라는 새로운 나라다. 하지만 어떻게 해야 대한민국을 그렇게 바꿀 수 있을까?

바로 이 대목에서 나는 '마을공화국'이라는 개념에 주목한다. 마을공화국이란 읍·면·동 단위의 작은 공화국을 말한다. 주민 스스로 마을헌법을 제정하고 마을정부와 마을기금을 운영하며 고도의 자치를 누리는 읍·면·동 마을공동체가 마을공화국이다. 우리나라에는 3,500개의 읍·면·동이라는 마을이 있다. 만일에 전국의 마을 하나하나가 마을공화국으로 웅비한다면 지금처럼 중앙에 집중된 권력과 부는 전국 3,500개 읍·면·동으로 널리 분산될 것이다. 그 경우 3,500개 읍·면·동 주민 모두가 권력과 부를 고루 향유하며 스스로 통치하고 남의 지배를 받지 않아 주권자의 존엄을 실현할 수 있다. 1% 특권층을 위한 대한민국이 우리 모두를 위한 대한민국으로 바뀌는 것이다.

올해는 3·1혁명 백주년이 되는 해이다. 3·1운동이 아니라 3·1혁명이라고 표현했다. 백 년 전인 1919년 3월 1일 우리 선조들은 "대한독립 만세"를 외치며 민주공화국을 선포했다. 그날은 단순히 독립운동을 시작한 날이 아니다. 국민이 주인 되는 나라, 민주공화국을 수립하기 위한 혁명의 깃발을 높이 든

날이다. 그렇기에 3·1혁명이라고 불러야 한다. 우리 민족은 3·1혁명을 계기로 민주공화국을 향한 대장정을 본격적으로 시작했다. 4·19혁명, 5·18광주민주항쟁, 87년 6월항쟁을 거쳐 2016년 겨울에는 일천만 촛불을 환하게 밝혔다. 특히 촛불혁명은 3·1혁명에서 비롯된 대장정의 아주 큰 발걸음이다. 온 국민이 민주공화국을 목청껏 외친 위대한 시민혁명이다. 하지만 아직도 진정한 민주공화국의 길은 멀기만 하다. 나는 3·1혁명 백주년을 맞이해 전국 3,500개 읍·면·동에서 마을공화국이 우후죽순처럼 건립되는 마을혁명이 일어나기를 바란다. 그리하여 민주공화국을 향한 3·1혁명의 염원이 활짝 피어난다면 좋겠다. 그때 비로소 대한민국이 우리 모두를 위한 진정한 민주공화국으로 승화되지 않을까? 3·1혁명이 마을혁명으로 완성되지 않을까?

이런 거창한 바람을 담고 이 책을 내게 되었다. 하지만 막상 책을 내고 나니 부족한 점이 너무 많다는 것을 절감한다. 쓸데없이 종이 사용량만 늘려 환경파괴에 일조하는 데 그치는 것은 아닌지 걱정도 생긴다. 그럼에도 이 책이 우리나라가 마을공화국의 실현을 통해 진정한 민주공화국으로 나아가는 데 조금이나마 기여하기를 바라는 욕심을 부린다.

책의 내용은 크게 3부로 이뤄져 있다. 제1부 '민주공화국의 자화상'에서는 민주공화국의 기본이념인 민주주의와 공화주의의 이상과 우리의 현실을 살펴보고, 민주공화국을 제대로 실현할 수 있는 이상적인 통치 규모 등을 고찰한다. 제2부 '주민자치와 마을공화국'에서는 우리나라 주민자치의 현황과 문제점을 살펴보고, 간디의 마을공화국 구상 소개와 함께 마을공화국을 개략적으로 설명한다. 제3부 '마을공화국의 얼개'에서는 마을공화국의 구성 원리를 살펴보고 마을공화국의 3대 조직인 마을정부, 마을기금, 마을민회를 설명한다. 마지막으로는 마을공화국의 맹아적 실현으로서 「마을자치기본법」의 제정 필요성을 역설하며 글을 마친다.

나는 제주시 아라동에 사는데 올해 아라동 주민자치위원이 되었다. 주민자치의 실상을 몸으로 직접 배우고 아래로부터의 마을공화국 운동에 기여하고자 자원했는데 운이 좋아 선발되었다. 주민자치위원의 임기는 2년이다. 임기를 마친 후에는 그동안의 경험을 토대로 책을 낼 생각이다. 이 책이 이론 편이라면 그때 내는 책은 실전 편이 되지 않을까 싶다.

지금도 전국 각지에서는 주민자치위원들, 마을활동가들, 뜻있는 마을 주민들이 마을공화국의 실현을 위해 묵묵히 노력하고 있다. 그분들에게 깊이 감사드린다. 항상 자식 걱정하시는 부모님, 언제나 든든한 벗이 되어 주는 사랑하는 아내에게도

고마움을 전한다. 어려운 출판 환경 속에서도 흔쾌히 책을 내
주신 도서출판 한티재에도 감사의 말씀을 드린다.

2019년 3월

신용인

1

민주공화국의
자화상

1장

대한민국은 민주공화국이다

"대한민국은 민주공화국이다. 대한민국은 민주공화국이다. 대한민국의 모든 권력은 국민으로부터 나온다."

2016년 겨울 박근혜 대통령의 국정농단에 경악한 사람들은 "이게 나라냐?"라고 탄식하며 하나둘씩 촛불을 들고 광장에 모여들었다. 그렇게 모여든 사람들이 광장을 가득 메운 채 나라다운 나라를 염원하며 목청껏 불렀던 노래가 하나 있다. 바로 〈헌법 제1조〉라는 노래다.

우리나라 헌법은 제1조 제1항에서 "대한민국은 민주공화국이다"라고 규정하고 있다. 대한민국의 국가 형태는 '민주공화국'이라는 것이다. 민주공화국은 대한민국이라는 정치적 공동체의 구조에 관한 국민적 합의로서 우리 헌법상 정치 생활의 기본 바탕이자 본질적 내용을 이룬다. 그런 까닭에 개헌의 대상이 될 수도 없다. 헌법 개정으로도 민주공화국을 다른 정체로 바꿀 수 없다는 말이다. 헌법 제1조 제1항을 개정하여 대한민국의 정체를 민주공화국에서 다른 정체로 바꾸는 순간 대한민국은 더 이상 대한민국이 될 수 없다. 대한민국은 존립하는 한 변함없이 민주공화국일 수밖에 없다. 실제로 1919년 4월 11일 제정된 「대한민국 임시헌장」이 제1조에서 "대한민국은 민주공화제로 함"이라고 최초로 천명한 이래 대한민국임시정부에서 다섯 번에 걸친 개헌에 있어서는 물론, 해방 이후 1947년 7월 17일 제헌헌법을 제정할 때도, 또 그 이후 아홉 번에 걸친 개헌이 이루어질 때도 민주공화국이 부인된 적은 단 한 번도 없다. 이처럼 민주공화국은 대한민국의 금과옥조라고 할 수 있다.

그렇다면 민주공화국이란 구체적으로 어떤 나라를 뜻하는 것일까? 유감스럽게도 이에 대해서는 학자들 사이에서조차 견해가 분분하다. 민주공화국의 의미와 내용이 그만큼 다양하기 때문이다. 한번 민주공화국을 글자 그대로 풀이해 보자. 민주공화국은 '민주', '공화', '국'이라는 세 단어의 합성어다. 여기서 민주와 공화는 정치이념을 뜻하고, 국은 나라를 의미한다. 즉,

민주주의와 공화주의를 기본적인 정치이념으로 삼는 나라가 바로 민주공화국이라는 것이다. 여기까지는 그리 어렵지 않다.

문제는 그다음부터라고 할 수 있다. 민주공화국이 민주주의와 공화주의를 기본적인 정치이념으로 삼는다면 민주주의는 뭐고 공화주의는 또 뭔가? 막연하게 대충은 아는 것 같지만 막상 설명해 보라고 하면 막막해져 그저 머리를 긁적대는 말이 민주주의요, 공화주의다. 왜 그럴까? 그 이유를 한번 생각해 보자.

오늘날 민주주의와 공화주의는 보편적인 정당성을 획득한 개념으로 자리매김하고 있다. 대다수 사람들은 민주주의와 공화주의를 공감하고 또 지지한다. 이는 북한의 정식 명칭이 '조선민주주의인민공화국'이라는 점에서도 단적으로 드러난다. 민주공화국인 대한민국 체제와는 다른 체체를 지향하는 북한 역시 나라 이름에 '민주'와 '공화'를 넣은 것이다. 남한과 북한은 서로 체체를 달리하지만 둘 모두 민주주의와 공화주의를 신봉하고 있다. 아이러니하지 않은가? 이처럼 민주와 공화가 누구나 받아들이는 선善의 대명사로 각인되자 너도나도 민주와 공화를 표방하며 나섰고 그만큼 더 민주주의와 공화주의에 대한 이해는 혼란스러워졌다. 그런 까닭에 많은 이들이 민주주의와 공화주의가 무엇이냐는 질문에 명쾌한 답변을 하지 못하는 것이다.

　그렇다면 민주주의와 공화주의에 대한 이러한 이해 혼란을 그대로 방치해야 할까? 그건 곤란하다. 민주주의와 공화주의는 우리 삶과는 무관한 그저 멋들어진 구호에 불과한 것이 아니다. 대한민국의 국민인 우리에게 주권자로서 어떻게 판단하고 행동해야 하는지에 대해 기준과 방향을 제시하는 중요한 이정표다. 따라서 민주주의와 공화주의의 본질적 요소 내지 핵심적 징표를 분명히 파악하여 그 의미와 내용을 확실하게 정립하는 것은 주권의 올바른 행사를 위해서 매우 중요한 과제라 아니할 수 없다. 이런 문제의식을 갖고 민주주의와 공화주의에 대해 차례로 살펴보자.

2장

민주주의의 이상과 현실

1. 민주주의의 원형, 시민의 통치

민주주의는 누가 발명했을까? 이 질문을 받게 되면 많은 사람들은 지금으로부터 약 2,600년 전 그리스 지역에 살았던 고대 아테네인을 떠올릴 것이다. 고대 아테네인이 정치적 천재성을 발휘하여 인류 최초로 발명한 작품이 민주주의라는 통념때문이다. 이처럼 사람들의 머릿속에는 고대 아테네의 폴리스가 민주주의의 원형으로 각인되어 있다. 하지만 민주주의의기원을 따라 역사의 물줄기를 거슬러 올라가다 보면 기원전 2500년경, 그러니까 지금으로부터 무려 4,500년 전에 민주주의의 원형을 발견하게 된다. 이는 고대 아테네 폴리스보다도

2,000년 전의 시대다. 그 원형은 바로 고대 중동지역에서 시행되었던 '평등한 사람들의 회의를 통한 자기통치 시스템'이다.[*] 민주주의는 고대 아테네에서 활짝 꽃피기 훨씬 전부터 이미 존재하고 있었던 것이다. 하지만 고대 아테네 폴리스가 인류 역사상 처음으로 민주주의를 정치하게 제도화했고 또 이를 기록으로 풍부하게 남겨 후세에게 강렬한 인상을 심어주었기에 우리는 고대 아테네 폴리스를 민주주의의 원형으로 여기는 것이다.

　흥미로운 점은 민주주의가 인류 역사에서 처음 등장했을 때는 사람들의 주목을 그다지 끌지 못했다는 것이다. 아테네에서 민주주의가 번성할 때도 사정은 크게 다르지 않았다. 플라톤은 민주주의가 세상의 혼란만 부추길 것이라 여기고 민주주의에 대해 아주 비판적이었다. 아리스토텔레스도 민주정을 어리석은 무리들의 혼란스러운 정치로 보았다. 민주주의는 그저 혼란과 무질서의 상징처럼 취급되었다. 그런 까닭일까? 기원전 338년 마케도니아가 아테네를 정복한 이후 민주주의는 무려 2,000년 동안이나 사람들의 뇌리에서 거의 사라졌다. 그 대신 왕의 권력은 하늘이 부여한 것이고 왕을 제외한 나머지 사

---

[*] 존 킨, 『민주주의의 삶과 죽음』, 양현수 옮김, 교양인, 2017, 23면.

람들은 왕의 지배를 받고 왕에게 충성하는 신민이라는 생각이 널리 받아들여졌다. 그런 바탕 위에서 왕은 절대 권력을 휘두르며 군림했다.

민주주의가 주목을 받기 시작한 것은 근대 이후부터다. 근대에 들어서자 인간은 누구나 자유롭고 평등한 존재라는 자각이 새롭게 생겨났다. 그와 함께 민주주의는 갑자기 엄청난 매력을 발산하기 시작했다. 수많은 사람들이 민주주의에 매료되었고 '타는 목마름으로' 민주주의를 외쳤다. 민주주의가 너무도 인간을 존중하는 통치방식이라는 것을 사람들이 깨달았기 때문이다. 민주주의는 인간에 대한 신뢰를 전제로 한다. 민주주의는 인간은 비록 이기적이고 유한하기는 하나, 자유롭고 평등한 상태에서 공동체의 공공선에 대해 대화로 합의하고 결정할 수 있는 의지와 능력이 있는 존재라고 믿는다.* 만일 이러한 믿음이 없다면 민주주의는 정상적으로 작동될 수가 없다.

민주주의를 영어로는 democracy라고 한다. democracy는 희랍어의 demokratia에서 유래한 단어다. demokratia는 '시민'을 의미하는 데모스demos와 '권력'을 의미하는 크라토스kratos 혹은 '지배·통치'를 의미하는 크라테인kratein의 합성어이다. 민주주

---

* 존 킨, 앞의 책, 18면.

의는 '시민의 권력' 내지 '시민의 통치'라는 것이다. 여기서 시민이란 누굴까? 아리스토텔레스는 시민이란 공직 수행을 통해 통치에 참여할 수 있는 사람이라고 말했다. 시민의 본질적 징표는 통치 가능성에 있다는 것이다. 아리스토텔레스의 시민에 대한 이러한 정의는 고대 아테네인에게는 보편적으로 받아들여졌다. 아테네인들 역시 시민의 핵심 징표를 통치 가능성에서 찾았다. 시민권이란 통치에 참여할 수 있는 권리였고, 오로지 시민만이 시민권을 가질 수 있었다. 노예처럼 통치에 참여할 수 없고 그저 지배당하는 사람은 시민에서 제외되었다. 자유인이더라도 시민권이 없어 통치에 참여를 하지 못한다면 역시 시민이 아니었다. 시민의 통치가 민주주의의 본질적 요소 내지 핵심적 징표라는 것이다. 자유롭고 평등한 시민이 함께 모여 회의하는 방식으로 스스로 통치하는 것이 민주주의의 본래 모습이라는 것이다.

2. 민주주의의 변형, 대의민주주의

이처럼 시민의 통치는 민주주의의 본질이자 핵심이라 할 수 있다. 민주주의는 시민의 통치를 꿈꾼다. 시민의 통치야말로 자유와 평등을 구현하는 가장 인간적인 통치방식이기 때문이다. 까닭에 수많은 사람들이 민주주의를 열망하고, 거의 모든 국가들이 민주주의를 표방한다. 하지만 오늘날 시민의 통치를 그대로 구현하는 국가를 찾아보기는 어렵다. 대부분 국가는 선거를 통해 선출된 대표자가 시민을 대신하여 통치하는 방식을 채택하고 있다. 이러한 통치방식을 대의민주주의라고 부른다. 우리나라도 예외가 아니다. 우리나라 역시 대의민주주의를 기본으로 하고 있다. 왜 그럴까? 왜 민주주의를 표방하면서 그 본질인 시민의 통치를 버리고 대의민주주의를 선택했을까? 보통은 그 이유로 광범위한 영토와 수많은 인구를 지닌 현대 국가에서 시민들이 한자리에 모여 사회의 문제를 논의하고 결정하는 방식으로 통치하는 것은 현실적으로 불가능하다는 점을 든다. 충분히 설득력이 있는 논거다. 하지만 그게 이유의 전부일까? 혹시 그 이면에는 시민의 통치에 대한 엘리트의 불신과 우려가 자리하고 있는 것은 아닐까?

대의제를 민주주의의 새로운 의미로 고안해 낸 사람은 프랑스의 정치사상가 다르장송 후작으로 알려져 있다. 다르장송 후작은 시민의 통치에 대해 매우 부정적이었다. 그는 시민의 통치는 거짓 민주주의라고 단언했다. 시민이 직접 통치를 하게 되면 법과 이성을 무시하고 자의적이고 폭압적인 통치만 횡행하게 될 것이라고 우려했다. 그는 대안으로 교양과 능력을 갖춘 엘리트가 통치하는 대의제 정부를 제시했다. 대의제 정부만이 진정한 민주주의를 실현할 수 있다고 본 것이다. 현대산업사회는 너무 복잡하여 전문적인 관리가 필요하기 때문에 전문성이 없는 시민이 스스로 하는 통치는 부적절하다는 견해 역시 다르장송 후작의 주장과 맥을 같이 한다. 단지 훨씬 세련되고 완곡한 용어로 표현되었을 뿐이다.

헌법 교과서는 거의 예외 없이 대의민주주의에 대해 다음과 같이 설명한다. 대의민주주의의 경우 통치를 담당한 대표자의 의사가 곧 국민의 의사로 의제된다. 대표자는 국민과의 관계에서 자유위임관계에 놓여 있다. 따라서 대표자는 숙고하는 전문가의 입장에서 국민의 의사를 최대한 반영하여 통치하면 된다. 물론 국민의 의사를 그대로 따를 필요는 없다. 국민과 대표자와의 관계는 명령적 위임관계가 아니라 자유위임관계이기 때문이다. 대표자가 국민의 의사와 다른 결정을 하는 경우에는 나중에 선거에 의한 정치적 책임을 지면 그것으로 그만이다. 만일에 대의민주주의를 채택한 이유가 시민의 통치가 현실적으로 불가능하다는 기술적인 이유뿐이라면 대표자와 국민의 관계를 명령적 위임관계가 아닌 자유위임관계로 볼 이유가 있을까? 민중에 대한 불신과 우려가 자유위임관계라는 이론을 낳은 것은 아닐까?

어쨌거나 대의민주주의가 시행됨으로 인해 주권의 소재와 통치권의 담당자가 분리되었다. 시민은 여전히 주권을 보유하고 있으나 더 이상 통치권을 행사할 수는 없게 되었다. 그 대신 선거를 통해 선출된 대표자가 통치권을 행사하게 되었다. 민주주의가 '시민의 통치'에서 '대표자의 통치'로 변질된 것이다. 이를 두고 장 자크 루소는 이렇게 일갈했다. "시민은 선거 때만 주권자 노릇 하고 선거가 끝나면 다시 노예가 된다."

3. 대의민주주의의 한계

대의민주주의가 비록 민주주의를 시민의 통치에서 대표자의 통치로 변질시켰다고 하더라도 대표자가 심사숙고하여 국민의 의사를 최대한 반영하면서 제대로 통치한다면 그리 문제삼을 일이 아닐 수도 있다. 그러나 유감스럽게도 우리의 현실을 보면 그런 것 같지가 않다. 오히려 국회의원 등 선거로 뽑힌 대표자가 국민의 의사가 아닌 대표자 자신의 의사를 최대한 반영하면서 사적인 이익 추구의 통치를 하는 경우가 많다. 그러다 보니 국회의원 등 대표자에 대한 유권자의 불신은 나날이 높아져 정치에 대한 냉소와 혐오가 번지면서 국회무용론까지 회자되고 있다. 왜 그렇게 되었을까? 그 원인으로는 대표성의 부족, 참여의 부족, 공공선의 결핍을 들 수 있다.[*]

먼저 대표성의 부족을 보자. 미국 헌법의 아버지라 불리는 제임스 매디슨은 "의회는 사회 전체를 가장 정확하게 반영해야 한다"고 말했다. 대의민주주의의 꽃인 의회는 각계각층의 국민 의사를 골고루 대변하는 대표들의 대의기관이 되어야 한다는 것이다. 그래야 대의민주주의가 정당성을 얻을 수 있다.

그렇다면 우리나라의 국회가 그러한가? 20대 총선 때 총유권자 중 여성은 약 50%, 20·30대 청년은 약 34.1%, 법조인은 약 0.05%를 차지했다. 그런데 20대 국회 구성을 보면, 국회의원 300명 중 여성은 51명으로 17%, 20·30대 청년은 3명으로 1%, 법조인은 49명으로 16.3%를 각각 차지하고 있다. 사회적 약자인 여성은 유권자의 50%이나 대표자는 17%뿐이고, 유권자의 34.1%인 청년의 대표자는 1%에 불과하나, 사회적 강자인 법조인은 유권자의 0.05%에 불과하지만 대표자는 16.3%나 된다. 이것이 각계각층의 국민을 있는 그대로 대표하고 있는 모습인가? 결코 그렇지 못하다. 이처럼 대의민주주의는 사회

---

[*] 이지문·박현지, 『추첨시민의회』, 삶창, 2017, 17면.

적 약자를 소외시키고 사회적 강자 위주로 대표하게 함으로써 주권자와 대표자 사이에 상당한 괴리를 야기시킨다.

다음으로 참여의 부족을 보자. 국회의원의 경우 법적으로 는 만 25세 이상이면 공직선거법상 특별한 결격사유가 없는 한 누구나 선거에 출마할 수 있다. 대통령선거 출마는 만 40세 이상이면 가능하다. 이처럼 법적으로는 모든 국민에게 평등한 참정권이 보장되어 있다. 그러나 정말 모든 국민이 참정권을 평등하게 행사할 수 있는가?

국회의원에 출마하여 당선되기 위해서는 상당한 돈과 인지 도가 있어야 하고 유력 정당의 공천을 받아야 하는 것이 현실 이다. 먼저 상당한 돈이 필요하다. 기탁금 액수만도 국회의원 의 경우 1,500만 원이나 되고 선거비용은 그 수십 배에 이른다. 하지만 15% 이상 득표해야 기탁금과 선거비용 전액을 돌려받 을 수 있다. 10% 미만 득표의 경우는 단 한 푼도 돌려받지 못 한다. 돈 없는 사람은 출마를 꿈꾸기조차 어렵다. 다음으로 상 당한 인지도를 갖춰야 한다. 사회적으로 유명하거나 널리 인 정받을 만한 자격이나 경력이 있어야 한다. 지연, 혈연, 학연 등 자신의 인맥을 총동원할 수 있는 능력도 있어야 한다. 이를 위해서는 엄청난 인맥관리 노력이 필요하다. 나아가 유력 정 당의 공천을 받아야 한다. 무소속이거나 군소 정당의 후보로 출마하면 당선 가능성과는 거리가 멀어진다. 유력 정당의 공천을 받기 위해서는 정당 지도자와 긴밀한 연줄이 있어야 하고 평소 지역구 관리도 부지런히 해둬야 한다. 장삼이사가 위세 가지를 모두 갖추는 것이 과연 가능할까? 단언컨대 불가능하다. 일반 시민이 선거에 출마하여 국회의원에 당선될 가능성은 사실상 없다. 그런 까닭에 대부분 시민들은 국회의원이 되어 통치에 참여하는 것은 꿈도 꾸지 못한다. 결국 시민에게 참정권이란 단지 선거에서 대표자를 뽑는 데 참여할 권리에 불과하고, 민주주의의 본질적 특징인 시민의 통치는 그림의 떡이 되고 마는 것이다. 그 결과 시민이 느끼는 정치적 효능감은 낮아지고 이는 투표율 저하로 이어진다. 실제로 총선의 경우 절반 가까이가 투표를 포기한다.

이와 같은 대표성의 부족, 참여의 부족은 공공선의 결핍으로 이어진다. 의회의 핵심 기능 중 하나가 사회의 다양한 이해관계와 공익을 대변하고, 여러 집단과 계층 간의 갈등을 효율적으로 관리·통합하며, 권력의 자의적 행사를 견제하고 감시함으로써 공공선을 실현하는 것이다. 즉 의회는 전체 국민을 위해 작동되어야 한다. 그러나 실제로는 대표성의 왜곡 현상으로 힘이 있는 특정 집단이나 계층의 이익을 위해 작동되는 경향이 강하다. 그러다 보니 사회적 약자의 이익이 제대로 대변되지 못한다는 문제가 발생한다. 예를 들면 기업가 출신 국회의원은 노동자보다 기업 입장을 대변하게 된다. 또한, 대중의 정치적 무관심 속에서 대표자는 공공에 대한 헌신보다는 사적 이익을 추구하고 특권을 누리면서 시민 위에 군림하게 된다.

4. 대안은 무엇인가?

이처럼 대의민주주의는 대표성의 부족, 참여의 부족, 공공선의 결핍으로 인해 분명한 한계를 노정하면서 심각한 위기에 봉착하게 되었다. 그렇다면 그 위기를 극복하는 방안은 무엇일까? 이에 대해서는 주로 선거제도 개혁과 직접민주주의 강화가 제시되고 있다.

선거제도 개혁의 대표적인 예로는 연동형 비례대표제를 들수 있다. 연동형 비례대표제란 정당이 얻은 득표수만큼 그 정당에 의석을 배분하는 제도를 말한다. 연동형 비례대표제 운동을 펼치는 대표적인 시민단체로는 '비례민주주의연대'가 있다. 비례민주주의연대는 현재의 지역 기반 거대 양당 독과점체제를 타파하고, 약자와 소수자를 포함한 사회구성원들의 다양한 선호와 이익이 제대로 반영되는 정치체제를 구축하기 위해서는 득표-의석 간의 비례성이 보장되는 선거제도 개혁이 급선무라고 주장한다.

직접민주주의 강화 방안으로는 국민투표, 국민발안, 국민소환 등을 제도화하는 방법과 정보통신기술의 발달에 힘입어 SNS 등을 이용하는 전자민주주의를 활성화시키는 방법을 들 수 있다. 헌법은 제72조에서 "대통령은 필요하다고 인정할 때에는 외교·국방·통일 기타 국가안위에 관한 중요정책을 국민투표에 붙일 수 있다"고 하여 대통령에게 국민투표 부의권을 부여하고 있다. 하지만 국민발안과 국민소환은 법제화되지 않은 상태이고, 지방자치 차원에서 주민발안과 주민소환이 인정되고 있을 뿐이다. 이에 국민투표권을 강화하고 국민발안, 국민소환을 제도화하자는 목소리가 높다.

선거제도 개혁이나 직접민주주의 강화는 대의민주주의의 위기를 어느 정도 완화시키는 면이 있으나 근본적인 처방이 되기에는 한계가 분명하다. 선거제도 개혁은 정당 사이에서 대표성을 제고하는 효과가 있기는 하나, 국민은 여전히 투표권만 행사하고 통치에는 직접 참여하지 못해 시민의 통치와는 거리가 멀다는 한계가 있다. 직접민주주의 강화는 사회의 중요 이슈에 대해 국민이 결정권을 가질 수 있다는 장점이 있기는 하나, 현안에 대해 심사숙고하여 결정을 내리기가 어렵고 참여의 피로감이 생긴다는 한계가 있다. 따라서 보다 근본적인 대안을 모색할 필요가 있다.

3장

공화주의의 이상과 현실

1. 공화주의의 두 모습

이제 공화주의에 대해 살펴보자. 오늘날 공화주의는 크게 적극적 공화주의와 소극적 공화주의로 구분할 수 있다. 적극적 공화주의는 고대 그리스 폴리스와 아리스토텔레스의 전통을 계승한다. 적극적 공화주의는 자유는 자치를 통해 실현되며 자치는 시민적 덕성을 바탕으로 한다고 본다. 따라서 시민적 덕성이라는 윤리적 요소를 강조하며 시민의 통치를 지향한다. 반면, 소극적 공화주의는 공화주의 전통을 혼합정체론을 구현한 로마 공화정에서 찾는다. 소극적 공화주의는 정치의 목표를 지배받지 않는 삶의 영위에 둔 마키아벨리로부터 영감을 받았다. 그리하여 공화주의의 핵심적 가치를 '타인의 자의적 지배로부터의 자유', 즉 '비지배非支配자유'라고 보고, 비지배자 유를 보장받을 수 있는 제도적 장치 마련에 관심을 기울인다. 적극적 공화주의는 시민의 통치를 강조한다는 점에서 사실상 앞서 본 민주주의와 그 의미가 같다. 따라서 여기서는 소극적 공화주의를 중심으로 공화주의를 살펴보고자 한다. 이하에서 는 소극적 공화주의를 그냥 공화주의로 부른다.

2. 공화주의의 원형과 공화의 의미

공화주의의 원형으로는 로마 공화정을 든다. 로마는 1인 종 신지배체제인 왕정으로 출발했으나 기원전 509년 로마 시민 은 왕정이 지속되는 한 전제정치와 권력남용을 막을 수 없다 고 판단하고 아예 왕정을 폐지하는 놀라운 결단을 내렸다. 그 들은 왕정 폐지 후 새롭게 수립한 자신들의 정치체제를 'res publica'라고 불렀다. 라틴어인 res publica는 '물건, 재산, 것' 이라는 뜻을 지닌 'res'와 '공공의, 공적인'이라는 뜻을 지닌 'publica'의 합성어로 공공의 것, 공공의 재산을 의미한다. 따 라서 res publica는 로마가 왕의 것이 아니라 로마 시민 모두의 것임을 나타내는 단어라고 할 수 있다. res publica는 그 후 영어 단어인 republic의 어원이 되었고, 우리는 republic을 '공화' 또는 '공화정'이라고 번역하여 사용한다.* '공화'의 의미를 가장 설득력 있게 표현한 사람으로는 로마 공화정 말기의 정치가이자 사상가인 키케로를 들 수 있다. 키케로는 『국가론』에서 "공화국은 시민의 것이다. 시민이란 임의로 모인 사람들의 집단이 아니다. 시민이란 법과 정의를 토대로 공동의 이익을 함께 추구하는 사람들의 결합이다"라고 말했다. 여기서 시민이란 특정 개인이나 계층이 아니라 공동체 구성원 전체를 의미한다. 공동체의 구성원인 시민 모두가 권력을 공유하며 견제와 균형을 통해 특정 개인이나 계층의 독점적 지배를 방지함으로써 공동체 전체의 이익과 시민의 자유를 추구하는 정치체제가 공화정인 것이다. 그런 까닭에 공화정에서는 특정 개인이나 계층이 권력을 독점하여 나머지 구성원을 지배하는 것을 반대한다. 구성원 모두가 지배로부터 자유를 누리는 것을 목표로 한다. 민주정이 시민의 통치를 꿈꾼다면 공화정은 지배가 없는 세상을 꿈꾼다.

---

* '공화'라는 말은 『사기』(史記)의 주(周) 본기(本紀)에서 유래한다. 본기를 보면 주나라 여왕(厲王)이 폭정을 거듭하다 기원전 841년 쫓겨나자 왕을 따로 세우지 않고 주공(周公)과 소공(召公)이 14년간 협치를 했는데 이를 두고 공화라고 칭한 것이다.

3. 공화주의의 핵심 가치, 비지배자유

공화주의는 지배가 없는 세상을 꿈꾸므로 그 핵심 가치는 비지배자유다. 비지배자유라는 개념을 구체적으로 정립한 사람으로는 미국의 정치학자 필립 페팃Philip Pettit을 들 수 있다. 일반적으로는 자유를 구분할 때 이사야 벌린의 공식에 따라 소극적 자유와 적극적 자유로 나눈다. 여기서 소극적 자유란 나의 선택이나 행동이 어느 누구에 의해서도 간섭받지 않는 자유, 즉 간섭의 부재를 말한다. 적극적 자유란 자기 자신이 주체가 되어 자신이 원하는 무엇인가를 추구하고 실현할 수 있는 자유, 즉 자기실현을 의미한다. 그러나 페팃은 소극적 자유/적극적 자유의 이분법을 비판하며 간섭의 부재나 자기실현은 자유의 핵심이 아니라고 주장했다. 자유란 타인의 자의적인 지배로부터 벗어날 때 비로소 얻어지는 것이므로 자유의 핵심은 자의적인 권력의 지배를 받지 않는 상태, 즉 비지배non-domination에 있다는 것이다. 페팃은 그러한 자유를 비지배자유라고 불렀다. 그렇다면 비지배자유는 소극적 자유나 적극적 자유가 아닌 제3의 자유라고 할 수 있다.

적극적 자유와 비지배자유는 쉽게 구분된다. 비지배가 자기실현을 보장하는 것은 아니기 때문이다. 하지만 소극적 자유와 비지배자유의 구분은 모호할 수 있다. 간섭과 지배가 분명히 다른 개념인지 여부가 불명확하게 여겨질 수 있기 때문이다. 페팃은 두 가지 점을 들어 그 차이를 설명한다. 첫째, 주인과 노예와의 관계에 있어 주인이 자비롭기 때문에 은혜를 베푸는 차원에서 노예의 행동에 간섭하지 않는다면 노예는 주인의 간섭을 받지 않고 있다. 노예는 소극적 자유를 누리고 있다. 하지만 노예는 여전히 주인의 지배를 받고 있다. 노예의 운명은 주인의 의지에 좌우되기 때문이다. 따라서 노예는 비지배자유를 누리고 있지 못하다. 둘째, 국가가 국민에게 세금을 부과하고 법적인 규제를 가한다면 비록 공공선을 위한다는 목적이 있다고 하더라도 국가는 국민의 삶에 간섭하는 것이다. 국민은 소극적 자유를 누리지 못하고 있다. 하지만 그 간섭으로 인해 국가가 국민을 지배하는 것은 아니다. 국가의 간섭은 자의적인 것이 아니라 국민의 동의를 얻어 이뤄지는 것이기 때문이다. 따라서 국민은 비지배자유를 누리고 있다.

이처럼 자유의 핵심을 비지배자유로 파악하게 되면 논의의 중심은 누구나 타인의 자의적인 지배로부터 자유를 누릴 수 있는 정치·사회적인 환경을 어떻게 조성하느냐에 초점을 두게 된다. 즉 비지배자유의 조건 구비가 핵심적 사안이 되는 것이다. 공화주의에서는 그 조건으로 권력분산과 법치주의를 든다.

4. 권력분산과 법치주의

공화주의는 먼저 권력분산을 요구한다. 권력의 집중은 공화주의에 대한 가장 큰 위협이다. 권력은 집중되어 커질수록 인간을 지배하려고 하는 속성이 있다. 거대한 권력을 보유하고 있는 국가는 언제든지 인간을 지배하는 괴물로 변할 가능성이 있다. 이를 방지할 수 있는 가장 좋은 방법은 국가권력을 분산시키는 것이다.

우리 헌법은 권력에 의한 인간 지배를 방지하기 위해 권력분립의 원리를 채택하고 있다. 권력분립의 원리란 국가권력을 입법권·행정권·사법권으로 삼분하고 이들 권력을 각기 분리·독립된 입법부·행정부·사법부에 귀속시킴으로써 국가기관 상호 간에 견제와 균형 관계를 유지하려는 통치구조의 원리를 말한다. 그러나 국가기관 상호 간의 권력분립만으로는 한계가 분명하다. 권력이 인간을 지배할 만큼 충분히 크지 못한 단위로 잘게 분산될 때 비로소 인간은 권력의 지배로부터 자유로울 수 있다. 그러므로 국가권력을 작은 단위로 고루 분산시킬 필요가 있다. 공화주의가 전통적으로 작은 단위의 정치공동체를 강조한 이유도 여기에 있다. 권력분산은 비지배자유의 매우 중요한 조건이다.

다음으로 법치주의를 요구한다. 법치주의란 정치권력의 자의적인 지배로부터 시민의 자유와 권리를 보호하기 위해 등장하고 발전해 온 개념이다. 법치주의는 사람에 의한 자의적 통치가 아니라 법에 의한 정의로운 통치를 뜻한다. 그러나 과거 권위주의적 통치시절에는 법치주의가 법질서의 강조 내지 국민의 준법의식 함양과 같은 것으로 오용되었다. 법치를 가장한 인치가 거리낌 없이 자행되었고 통치자는 국민 위에 군림했다. 박정희 정권의 유신철권통치가 그 대표적 예라 할 수 있다.

법치주의하에서는 모든 통치는 헌법에 굳건한 기반을 두어야 한다. 입법은 헌법에 따라 행해져야 한다. 헌법을 위반한 법률은 무효가 된다. 행정은 법률에 근거해야 하고, 법률에서 위임한 범위 내에서만 행해져야 한다. 또한, 법률의 위임은 구체적인 범위를 정해 행해져야 한다. 재판도 헌법과 법률에 따라 행해져야 한다. 특히 국민의 자유와 권리가 침해되는 경우 이에 대한 효과적인 권리구제제도가 완비되어야 한다. 이처럼 법치주의는 비지배자유의 또 하나의 중요한 조건이다.

5. 공화주의의 현주소

그렇다면 우리나라는 공화주의가 제대로 구현되고 있는 나라인가? 이에 대해 선뜻 '그렇다'라고 대답하기가 어렵다.

먼저 정치면을 보자. 우리나라는 전형적인 수직적 중앙집권형 통치구조를 이루고 있는 나라다. 중앙정부는 블랙홀처럼 모든 권력을 빨아들여 막강한 권력을 행사한다. 이에 반해 지방자치단체의 자치권은 미미하기 짝이 없고, 주민자치의 토대가 되는 읍·면·동은 아예 자치권조차 없는 실정이다. 그리하여 사람과 돈이 중앙으로만 질주한다. 국토의 12%에 불과한 수도권에 총인구의 50%, 상장법인의 72%, 총예금의 70%가 몰려 있다. 중앙정부의 속을 들여다보면, 행정부의 수장인 대통령에게 권력이 과도하게 집중되어 대통령이 마음만 먹으면 무소불위의 권력을 휘두를 수 있다. 대통령이 권력을 남용할 때 이를 통제할 수 있는 마땅한 방안을 찾기가 어렵다. 그런 까닭에 우리나라 대통령을 이른바 제왕적 대통령이라고 부른다.

국민의 대표기관인 국회의 경우도 문제다. 앞서 본 대의민주주의의 한계에 더하여 1등만 당선이 되는 소선거구제·다수대표제로 인해 사회적 약자의 이해를 반영하는 데 여러모로 한계가 있다. 국회의원이 되고자 하면 상당한 돈과 인지도, 유력 정당의 공천이라는 3박자를 갖춰야 하는데 일반 시민의 입장에서는 거의 불가능한 일이다. 결국 소수의 엘리트 몫이 될 수밖에 없는 자리다.

경제면을 보면, 부의 집중은 심각한 수준이다. IMF 이후 소득 격차가 점점 더 벌어지며 빈익빈 부익부 현상이 가속화되고 있다. The World Wealth and Income Data Base에 따르면, 우리나라 상위 1%의 소득 비중은 1970~1997년까지는 7%대를 유지하다가 외환위기 이후 2002년 9.16%, 2008년 11.38%, 2012년에는 12.23%로 계속 상승하고 있다. 1인당 평균 소득이 100만 원이라고 가정하면 상위 1%의 소득은 1997년까지는 700만 원이었으나, 2002년 916만 원, 2008년 1,138만 원, 2012년에는 1,223만 원으로 점차 상승했다고 볼 수 있다. 소득 격차가 계속 벌어지고 있는 것이다. 재산 격차도 역시 계속 벌어지고 있다. 1997년 금융위기 이후 상위 10%의 자산은 63%에서 66%로 증가한 반면 하위 50%의 자산은 2.3%에서 1.7%로 감소했다.[*] 부의 축적에서 상속이 기여한 비중이 1980년대에는 연평균 27%에 불과했으나 2000년대에는 42%까지 올라

---

[*] 김낙년, 「한국의 부의 불평등, 2000-2013 : 상속세 자료에 의한 접근」, 낙성대경제연구소 Working Paper, 2015, 21면.

갔다.*

고용구조 역시 악화되고 있다. 2013년 기준 우리나라 전체 기업 종사자 중 대기업 종사자 비율은 23%에 불과하고, 나머지 77%가 중소기업에 종사하는데** 중소기업 임금 수준은 대기업의 62.2%에 불과하다.*** 참고로 1980년대 중소기업 임금 수준은 대기업의 90% 이상이었고, 1990년대에도 75% 수준이었다. 비정규직 문제는 더욱 심각하다. 전체 임금노동자의 약 46%, 즉 거의 절반이 비정규직인데, 2014년 기준 정규직 대비 비정규직의 임금 수준은 중소기업의 경우 68.4%, 대기업의 경우 66.1%에 불과하다.**** 그로 인해 2014년 기준 중소기업 비정규직의 시간당 평균 임금은 대기업 정규직의 40.7%에 불과하다.***** 한편, 모든 권한이 오너에게 집중되는 재벌의 지배구조로 인해 땅콩회항, 상습폭행 등 재벌 일가의 전횡이 끊이지 않고 있고, 시장지배력을 이용한 대기업의 중소기업에 대

* 김낙년, 「한국에서의 부와 상속, 1917-2013」, 낙성대경제연구소 Working Paper, 2015, 20면.

** 통계청 보도자료, 「2013년 기준 기업생멸 행정통계 결과」, 2014. 12. 24, 11면.

*** 중소기업중앙회, 「2014 중소기업 위상지표」, 2014, 33면.

**** 김복순, 「사업체 규모별 임금 및 근로조건 비교」, 『노동리뷰』, 한국노동연구원, 2015, 50면.

***** 김복순, 앞의 논문, 52면.

한 불공정행위가 근절되지 않는 등 경제민주화의 길도 요원하기만 하다. 이처럼 우리나라의 정치·경제적 현실은 공화주의와 거리가 멀다고 할 수밖에 없다.

현실이 이렇다 보니 대한민국 청년들은 스스로를 3포 세대, 5포 세대, 7포 세대, N포 세대라고 부르며 절망한다. 3포 세대란 연애, 결혼, 출산을 포기한 세대를 말한다. 5포 세대는 3포는 물론 내 집 마련과 인간관계까지 포기한 세대다. 5포에 더해 꿈과 희망까지 포기한 세대가 7포 세대다. N포 세대는 아예 모든 것을 포기한 세대다. 이처럼 현실에 절망한 청년들이 적성과 소질에 대한 고려 없이 무조건 안정적인 직장만 선호하다 보니 청년층 선호 직업으로는 공무원이 압도적 1위를 차지하고 있다. 공무원은 정년이 보장되고 연금까지 나오기 때문이다. 공무원 시험을 준비하는 청년은 2017년 기준으로 44만 명이나 되어 취업준비생의 40%까지 차지한다. 수많은 청년들이 소위 공시족이 되어 기약 없는 세월을 보내고 있는 것이다.

청년들은 우리나라를 '헬조선'이라고 부른다. 지옥에 가깝고 전혀 희망이 없는 나라로 여기는 것이다. 자살률과 출산율을 보면 그 말이 빈말이 아님을 실감한다. 우리나라 자살률은 1990년대에는 인구 10만 명당 10명 수준에 머물렀다. 물론 그

정도도 결코 낮은 자살률은 아니다. 하지만 그 후 자살률은 계속 치솟아 2014년에는 자살률이 10만 명당 29.1명까지 올라갔다. 우리나라 자살률이 11년째 OECD 국가 중 부동의 1위라고 한다. 출산율을 보면 1970년에는 4.53명이나 되었다. 그러나 2000년 1.480명, 2014년 1.205명, 2017년 1.052명으로 계속 떨어졌다. 2018년 3분기에는 0.95명을 기록했다. 출산율 역시 17년째 OECD 국가 중 부동의 1위를 차지하고 있다. OECD 국가 중 가장 죽고 싶은 나라, 가장 아이 낳기 싫은 나라, 그 나라가 바로 대한민국이다. 이보다 헬조선을 극명하게 보여주는 지표가 있을까?

이처럼 우리나라는 지금 소수에게 권력과 부가 집중되어 소수가 다수를 지배하는 현상이 만연해지면서 헬조선으로 전락하고 있다는 우려를 금할 수가 없다. 그렇다면 이를 극복할 수 있는 대안은 무엇일까?

4장

이상적인 통치 규모

1. 민주공화국과 자치 규모

헌법 제1조 제1항은 "대한민국은 민주공화국이다"라고 선언하고 있다. 하지만 대한민국이 정말 민주공화국일까? 앞서 살펴본 바와 같이 실상을 보면 회의가 든다. 민주공화국은 시민의 통치와 지배로부터 자유로운 세상을 꿈꾼다. 하지만 대한민국의 현실은 시민의 통치나 지배로부터 자유로운 세상과는 거리가 멀다. 엘리트의 통치가 이뤄지고 있고 권력과 부의 지배가 판을 치고 있다. 민주공화국이 아니라 과두지배국가寡頭支配國家라고 부르는 것이 오히려 실상에 가깝다. 대한민국은 경쟁에서 승리한 소수의 엘리트가 권력과 부를 독점하고 다수의 시민을 지배하는 나라라는 것이다.

그런데 왜 민주공화국 대한민국에서 민주주의와 공화주의가 이처럼 형식화되고 만 것일까? 왜 민주공화국이 과두지배 국가로 변질되고 헬조선이라는 아우성까지 나오게 되는 것일까? 이런저런 원인이 있을 것이나 나는 핵심적 원인을 통치 규모에서 찾는다. 그 이유는 두 가지다. 첫째, 광범위한 영토와 수많은 인구를 지닌 커다란 국가 단위로는 시민의 통치가 물리적으로 불가능하다. 따라서 국가 단위의 통치 규모를 고집할 때 민주주의가 제대로 작동할 수 없다. 둘째, 권력과 자본은 커지면 필연적으로 사람을 지배하려는 속성이 있다. 국가 단위로 집중된 권력과 자본은 거대해지므로 사람에 대한 지배는 필연적이고 공화주의는 위기에 처할 수밖에 없다. 국가라는 거대한 단위의 통치 규모에서는 결코 민주주의와 공화주의가 시민의 생활 속에 뿌리내릴 수가 없다는 것이다.

그렇다면 해법의 단초는 작은 규모의 통치에서 찾아야 한다. 대한민국이 진정으로 민주공화국이 되고자 한다면 시민의 통치와 지배로부터의 자유가 가능한 작은 단위에서 통치가 이뤄져야 한다는 것이다. 물론 그렇다고 국가 단위에서의 통치를 배제하자는 말은 아니다. 국가 단위에서 통치를 하기는 하되, 민주공화국을 진정으로 실현시키기 위해서는 그

보다 작은 단위에서의 통치도 병행하는 것이 정말 필요하다는 말이다. 그 작은 단위에서의 통치는 자기통치, 즉 자치의 모습을 띠게 될 것이다. 여기서 자치란 스스로 만든 법과 조직으로 스스로를 다스리는 것을 뜻한다. 따라서 그 작은 단위는 해당 지역의 사람들이 일단의 정치공동체를 형성하여 스스로 법을 만들고 그 법에 따라 조직을 구성하여 스스로를 다스릴 수 있을 정도의 규모가 되어야 한다. 이제 우리는 이런 질문을 하게 된다. 민주공화국을 제대로 실현할 수 있는 이상적인 자치 규모는 어느 정도인가?

2. 사례 검토

먼저 민주주의의 원형인 고대 그리스의 사례부터 살펴보자. 고대 그리스의 자치공동체인 폴리스polis의 경우 시민의 숫자가 통상 수천 명에 불과했다. 플라톤은 폴리스의 적정 규모를 시민 5,040명으로 보았다. 유권자가 약 5,000명 정도 되는 자치공동체가 이상적인 규모라는 것이다. 아리스토텔레스는 이상적인 폴리스의 최적 인구는 시민들이 서로를 알아볼 수 있는 범위 내에서 최대 다수라고 보았다. 또한 인구가 10만 명을 초과하면 결코 폴리스가 될 수 없다고 주장했다.

다음으로 서구 선진국의 사례를 살펴보자. 서구 선진국의 경우 기초자치 단위의 인구 규모가 1만 명을 넘지 않는 곳이 많다. 스위스의 경우 기초자치 단위로는 2,324개의 코뮌Commune이 있는데 코뮌의 평균 인구는 약 3,500명에 불과하다. 스위스 코뮌은 이처럼 인구가 수천 명에 불과하여 우리나라의 읍·면·동보다도 적은 규모이지만 서울특별시는 물론 어느 선진국의 기초자치정부보다 훨씬 막강한 자치권을 누린다.[*] 프랑스의 경우 기초자치 단위를 코뮌이라고 부르는데, 코뮌의 숫자가 36,793개에 이르고 평균 인구는 1,702명에 불과하며 코뮌 중 80% 이상이 인구 1천 명을 넘지 않는다. 독일의 경우는 게마인데Gemeinde인데, 11,091개가 있고 평균 인구는 약 7,000명이다. 스페인의 경우는 무니시피오Municipio인데 8,116개가 있고 평균 인구는 약 5,200명이다. 미국의 경우 다양한 유형의 기초자치정부(City, Village, Town 등)가 있는데 그 수가 39,044개에 이르고 평균 인구는 7,713명이다. 영국의 경우 기초자치정부인 디스트릭트District, 바러Bourough 등의 평균 인구는 10만 명이 넘지만 그 관할 내에 있는 패리쉬Parish 등 자

* 안성호, 「스위스 미러클과 코뮌자치」, 『주민자치』 60, 2016, 35면.

치공동체가 준자치정부로서의 역할을 다하고 있다. 패리쉬는 15세기 이후 자연스럽게 형성된 대표적인 주민자치조직으로 영국 지방자치의 원류이자 토대라고 평가받는다. 인구 규모를 보면 500명 미만인 패리쉬가 전체 패리쉬의 40% 정도를 차지하고, 5,000명 이상은 10% 정도를 차지한다.[*] 이러한 패리쉬 등 자치공동체는 기초자치정부의 대규모화에 따른 자치 기능의 장애를 부분적으로 보완하고 있다.[**] 선진국에서 이처럼 기초자치 단위의 규모가 평균 인구 1만 명을 넘지 않는 이유는 자치의 경우 능률성보다는 민주성 확보에 중점을 두어야 하고, 민주성의 확보는 근린 차원에서의 참여에 기반을 둘 때 가능하다고 보기 때문이다.[***]

3. 우리나라의 경우

우리나라의 경우 시·군·자치구를 기초지방자치단체(이하 '기

---

[*] 선진국의 풀뿌리자치 단위의 인구는 지방자치발전위원회 홈페이지 참조.
(http://clad.go.kr/section/board/bbs_list.html?PID=abroad, 2017. 6. 16. 방문)
[**] 안성호, 「제주특별자치제와 지방분권의 함의」, 『관학공동학술세미나 — 연방제 수준의 자치분권을 위한 헌법적 과제』, 한국입법정책학회, 2017, 63면.
[***] 안영훈·조석주, 『읍·면자치 도입방안 연구』, 한국지방행정연구원, 2014, 149면.

초단체'라 한다)로 두고 있는데 2018년 7월 기준으로 보면, 기초단체 수는 226개(시 75개, 군 82개, 구 69개)이고 그 총인구는 50,839,695명[*]이므로 기초단체당 평균 인구가 224,954명 (50,839,695명 ÷ 226개)에 이르고 있다. 우리나라의 기초단체는 풀뿌리자치를 실질적으로 구현하기에는 그 규모가 지나치게 크다는 것을 알 수 있다. 한편 2017년 12월 31일 기준으로 읍·면·동은 모두 3,500개가 있는데 2018년 7월 기준으로 총인구가 51,806,977명이므로 읍·면·동의 평균 인구는 14,802명 (51,806,977명 ÷ 3,500개) 정도 된다. 읍·면·동만 보더라도 선진국의 자치 평균 규모를 능가하는 것이다.

따라서 이상적인 통치 규모에서 본다면 현행 기초단체인 시·군·자치구가 아니라 최소한 읍·면·동 단위에서 자치를 시행하는 것이 마땅하다. 하지만 현행 법제상 읍·면·동이라는 행정단위는 아무런 자치권도 갖지 못하고 있다. 읍·면·동은 자치단체가 아니라 시·군·자치구의 하부행정기관에 불과하기 때문이다(「지방자치법」 제6장 제4절). 우리나라에서 읍·면·동은 자치를 구현할 수 있는 이상적인 규모라고 할 수 있지만 그 제도적

---

[*] 총인구 51,806,977명에서 기초지방자치단체가 없는 세종특별자치시(302,703명), 제주특별자치도(664,579명)의 인구를 뺀 인구 수이다.

기반은 전혀 마련되어 있지 않다. 아이러니한 일이라 아니할 수 없다.

물론 정부는 주민자치 활성화를 위해 읍·면·동마다 주민자치위원회 내지 주민자치회를 두고 있다. 하지만 주민자치위원회 내지 주민자치회는 주민자치의 핵심 요소인 자기입법권과 자기통제권이 없어 무늬만 주민자치에 불과하다. 이에 대해 '대한민국 제1호 민간인 동장'이라는 타이틀을 갖고 있는 황석연 전 동장은 『오마이뉴스』와의 인터뷰에서 이렇게 일갈했다.

"동 주민센터는 뇌가 없다. 어딘가 문제가 생기면 손발이 나서서 해결하도록 뇌가 명령을 해야 하는데 주민센터는 이 기능이 없다. 계획은 정부와 구청에서 세울 뿐이다."

한편, 읍·면·동이 지금은 자치권이 없는 하부행정기관에 불과하지만 과거에는 읍·면·동 풀뿌리자치를 시행했던 적이 있다는 점을 기억할 필요가 있다.

1949년 7월 4일 제정된 「지방자치법」은 기초지방자치단체로 시·읍·면을 설치하고, 1952년 4월 25일 17시, 72읍, 1,308면에서 시·읍·면 의회 의원선거가 실시됨으로써 시·읍·면 자치가 본격적으로 시행되었다. 다만 시·읍·면장은 간선제로 지방의회에서 선출하도록 했다. 그 후 「지방자치법」을 개정하여 시·읍·면장과 동·리장을 모두 주민 직접선거로 선출할 수 있는 법적 근거도 마련했다. 1952년 개정에서는 당시 주민자치조직으로 동에는 동회, 리에는 리회가 있는 점을 감안하여 동·리에 동·리장을 두고 동·리 주민이 직접 선거하도록 했고, 1956년 개정에서는 시·읍·면장을 당해 시·읍·면의 선거권자가 선거하도록 했다. 이를 근거로 1955년에는 동장을, 1956년 8월 8일 시·읍·면장을 주민직접선거로 선출했다.

그러나 이승만 정부는 독재체제를 강화하면서 1958년 12월 26일 지방자치단체장과 동·리장을 모두 중앙정부가 임명하는 것으로 「지방자치법」을 개정했다. 4·19혁명 이후 다시 「지방자치법」 개정을 통해 지방자치단체장과 동·리장을 주민 직접선거로 선출하는 것으로 바꿔 1960년 12월 26일 시·읍·면장 선거가 있었고, 1961년 3월 10일 부산에서 동·리장 선거가 실시되었다. 서울은 5월 말에 실시될 예정이었으나 5·16 군사쿠데타로 무산되었다.

군사쿠데타를 통해 집권한 박정희 정권은 지방의회를 해산시키고 1961년 6월 29일 「동·이장 임명에 관한 임시조치법」을 제정하여 동·리장을 임명제로 전환했다. 이어 1961년 9월 1일 「지방자치에 관한 임시조치법」을 제정하여 읍·면자치제를 폐지하고 군을 지방자치단체로 정하고, 시장, 군수, 읍·면장을 모두 임명제로 전환하면서, 동법을 「지방자치법」에 우선하여 적용하도록 하여 관치적 중앙집권체제로 회귀했다. 따라서 읍·면·동의 자치권 회복은 독재체제의 적폐를 청산하고 대한민국 정부 수립 당시의 풀뿌리자치 정신을 회복한다는 점에서도 큰 의미가 있다.

4. 진정한 민주공화국의 길

2019년은 3·1혁명 100주년이 되는 해이다. 3·1혁명은 기본적으로 일제로부터 나라를 되찾으려는 독립운동이다. 3·1혁명을 통해 우리 민족의 독립 의지와 역량이 전 세계적으로 알려지게 되었고, 해방의 그날까지 치열하게 독립운동을 펼칠 수 있는 원동력을 얻었다. 그러나 3·1혁명의 의미는 단순한 독립운동에 그치지 않는다. 나라의 독립 그 이상의 의미를 담고 있다. 3·1혁명은 국가의 주권자가 황제와 지배층이 아니라 국민임을 선포한 일대 사건이다. 3·1혁명을 분기점으로 하여 우리 민족은 국민이 주권자인 나라를 갖기 위한 대장정을 시작했다. 실제로 3·1혁명 과정에서 출범한 여러 임시정부는 약속이나 한 것처럼 '민주공화제'를 내걸었다. 대한민국임시정부 역시 대한민국 임시헌장 제1조에서 "대한민국은 민주공화제로 함"이라고 선포하여 일제의 지배로부터 해방 후 새로 세워질 나라는 민주공화국임을 명백히 했다. 일제 패망 이후 해방 공간의 혼란 속에서도 다른 나라에서는 흔히 볼 수 있는 왕정 복고파와 민주공화파의 갈등이 전혀 없었다. 이처럼 3·1혁명은 단순한 독립운동의 수준을 뛰어넘어 대한민국이라는 민주공화국을 건설하기 위한 혁명인 것이다. 그런 까닭에 우리나라 헌법은 전문에서 "3·1운동으로 건립된 대한민국임시정부의 법통"을 계승한다고 천명하고, 제1조 제1항에서 "대한민국은 민주공화국이다"라고 선포하고 있다.

하지만 권력과 부가 중앙에 고도로 집중된 현실에서 진정한 민주공화국의 길은 아직도 멀다. 앞서 우리나라에서 이상적인 통치 규모에 가장 가까운 행정단위는 읍·면·동이라고 했다. 늦은 감이 있지만 이제라도 읍·면·동에 자치권이 부여되어야 한다. 읍·면·동마다 자기입법과 자기통제가 구현되는 실질적인 주민자치가 구현되어야 한다. 그래서 중앙에 집중된 권력과 부를 전국 3,500개 읍·면·동으로 고루 분산시켜야 한다. 그래야 시민의 통치와 지배로부터의 자유가 실질적으로 구현되면서 대한민국이 진정한 민주공화국이 되지 않을까?

2

주민자치와
마을공화국

1장

우리나라 주민자치 현황과 문제점

1. 주민자치의 핵심 요소

주민자치란 '주민'과 '자치'의 합성어다. 주민이란 일정한 지역에 살고 있는 사람을 말하고, 자치란 스스로 만든 법과 조직에 의해 스스로를 다스리는 것을 뜻한다. 따라서 주민자치란 일정한 지역에서 살고 있는 사람들이 일단의 정치공동체를 형성하여 스스로 법을 만들고 그 법에 따라 조직을 구성하여 스스로를 다스리는 것이라 말할 수 있다. 자치의 핵심 요소는 자기입법과 자기통제에 있다.* 주민자치의 핵심 요소도 마찬가

---

* 김찬동, 「근린정부 자치 보장하는 주민자치 기본법 제정 필요」, 『주민자치』 81호, 2018,

지다. 주민이 자기입법과 자기통제를 통해 자기를 통치하는 것이 주민자치다. 어느 지역의 주민이 그 지역 문제에 대해 규율하는 법을 스스로 만들 수 없고 상위 단위에서 만들어진 법에 의해 획일적으로 규제가 이루어진다면, 그리고 주민이 스스로 만든 법에 근거해 구성된 조직이 그 지역을 통제하지 못하고 상위 단위에서 구성된 조직이 그 지역을 통제한다면 그것은 이미 주민자치가 아니라 일종의 '식민통치'에 불과하다.[*]

우리나라는 1999년부터 읍·면·동 단위에서 주민자치를 실시하고 있다. 주민자치센터와 주민자치위원회 제도가 그것이다. 나아가 2013년부터는 주민자치의 활성화를 위해 주민자치회 제도를 시범실시하고 있다. 그러나 그 내막을 들여다보면 자치의 핵심 요소인 자기입법과 자기통제를 찾아볼 수가 없다. 무늬만 주민자치인 것이다. 자기입법과 자기통제가 이뤄지는 실질적인 주민자치를 구현하기 위한 획기적인 모색이 필요하다. 이에 우리나라의 주민자치제도의 전개 과정과 그 문제점을 살펴보고 대안으로 읍·면·동 마을공화국을 제시한다.

18면.
[*] 김찬동, 앞의 논문, 18면.

2. 주민자치제도 전개 과정

1) 주민자치센터 설치와 주민자치위원회 구성

주민자치를 실질적으로 구현하기 위해서는 읍·면·동 단위에서 자기입법과 자기통제가 이뤄지는 주민자치의 제도화가 필요하다. 하지만 현행 법제상 읍·면·동은 아무런 자치권도 갖고 있지 않다. 읍·면·동은 자치단체가 아니라 시·군·자치구의 하부 행정기관에 불과하기 때문이다(「지방자치법」 제6장 제4절 참조). 우리나라에서 읍·면·동은 주민자치를 실질적으로 구현할 수 있는 이상적인 규모의 행정 단위이지만 자치를 위한 제도적 기반은 사실상 전무하다는 것이 기막힌 현실이다. 이는 주권재민의 원칙상 심각한 문제를 야기한다. 토크빌의 말처럼 주민자치와 자유의 관계는 초등학교와 학문의 관계와 같고, 자치권이 없는 주민은 착한 신민은 될 수 있어도 주권자인 시민이 될 수 없기 때문이다.

우리나라 주민자치제도는 이런 심각한 문제가 있음에도 눈 가리고 아웅 하는 식으로 시작되었다. 즉, 정부는 1998년 읍·면·동의 기능과 인력을 축소하기로 결정함에 따라 읍·면·동사무소에 여유 공간이 생기게 되자, 그 공간을 주민자치센터로 활용하기로 계획을 세운 후 1999년부터 단계적으로 이를 시행하기 시작했다. 또한 그 원만한 시행을 위해 2000년 1월 에는 「주민자치센터 설치 및 운영조례 준칙」(이하 '자치준칙'이 라 한다)을 제정했는데, 자치준칙에는 주민자치센터의 설치뿐 만 아니라 주민자치위원회의 구성과 운영에 관한 내용도 포 함되어 있었다. 이에 시·군·자치구는 자치준칙을 기초로 조례 를 제정하여 읍·면·동마다 주민자치센터를 설치하고 주민자 치위원회를 구성·운영했다. 여기서 주민자치센터란 주민자치 및 시민교육 기능을 강화하고 주민편의 및 복리증진을 도모하 며, 주민자치 기능을 강화하여 지역공동체 형성에 기여하도록 하기 위하여 주민이 이용할 수 있도록 읍·면·동에 설치된 각종 문화·복지·편의시설과 프로그램을 총칭하는 것이고(자치준칙 제1조, 제2조 제1호), 주민자치위원회란 주민자치센터의 운영에 관한 사항 등을 심의하거나 결정하기 위하여 읍·면·동 사무소 에 둔 합의제 주민자치기구를 말한다(자치준칙 제15조, 제16조).

한편, 2006년 7월 1일 「제주특별자치도의 설치 및 국제자 유도시 조성을 위한 특별법」(이하 '제주특별법'이라 한다)이 제정 되면서 제주지역에서는 기존의 4개 시·군 기초단체가 폐지되 고 단일 광역지방자치단체인 제주특별자치도가 새롭게 출범 했다. 정부는 이로 인한 풀뿌리자치 기능의 약화를 보완하기 위해 「제주특별법」에 주민자치센터와 주민자치위원회에 대한 근거 규정*을 마련했다. 이에 따라 제주특별자치도에서는 다른 지역과 달리 법률에 근거하여 주민자치센터와 주민자치위원회 제도가 시행되었다.

2) 주민자치회 도입

제18대 국회는 2010년 10월 1일「지방행정체제개편에 관한 특별법」(이하 '지방특별법'이라 한다)을 제정하면서 읍·면·동 주민자치회의 설치·운영에 관한 법적 근거를 마련했다. 이처럼 주민자치회가 법률로 도입된 가장 큰 이유는 이명박 정부가 추진하는 시·군 통합을 통한 행정체제 개편에 대해 풀뿌리자치의 실종이라는 비판이 학계를 중심으로 거세게 일어나자 이를 무마하기 위한 것이다.** 어쨌거나 주민자치회가 법률적 근거를 갖게 되자 대통령 소속 지방행정체제개편추진위원회(이하 '위원회'라고 한다)는 한국지방자치학회에 '읍면동 주민자치

---

* 2006년 7월 1일 제정된「제주특별법」은 제22조 제1항에서 "읍·면·동에는 ⅰ) 주민의 편의 및 복지 증진에 관한 사항, ⅱ) 주민자치의 강화에 관한 사항, ⅲ) 지역공동체의 형성에 관한 사항을 처리하기 위하여 주민자치센터를 설치한다"고 규정하고, 동조 제2항에서는 "주민자치센터의 운영에 관한 사항을 심의하기 위하여 주민자치센터 관할구역별로 주민자치위원회를 두되, 각계각층의 주민대표가 고르게 참여하여야 한다"고 규정하고 있다. 또한 동조 제3항에서는 "그 밖에 주민자치센터의 설치·운영과 주민자치위원회의 구성·운영 등에 관하여 필요한 사항은 도조례로 정한다"라고 규정하고 있다.
** 안성호,『왜 분권국가인가』, 박영사, 2016, 296면.

모델개발'에 관한 연구용역을 의뢰하여 2012년 5월경 협력형
·통합형·주민조직형의 세 가지 주민자치회 모델을 마련했다.
이 세 가지 모델은 2012년 6월경 위원회가 마련한 '지방행정
체제 개편 기본계획'에 반영되었다. 하지만 법제처와 행정안전
부가 통합형과 주민조직형은 「지방자치법」 등 현행 법령에 위
반된다는 검토의견을 제출하자, 위원회는 2012년 12월경 협
력형·통합형·주민조직형 세 가지 모델을 모두 시범실시 대상
으로 하되 협력형 모델을 우선 시범실시하고 통합형과 주민조
직형은 「지방특별법」 개정 후 추진하는 것으로 주민자치회 시
범실시 기본방향을 확정했다.

　「지방특별법」은 이후 2013년 5월 28일 공포·시행된 「지방
분권 및 지방행정체제개편에 관한 특별법」(이하 '지방분권법'이
라 한다)으로 대체되었고, 「지방분권법」은 제27조 내지 제29조
에서 주민자치회 및 그 시범실시에 대한 근거 규정을 두었다.
행정안전부는 2013년 3월경 협력형 모델을 일부 수정해 시범
실시 계획을 수립하고, 같은 해 5월 공모를 거쳐 31개 읍·면
·동을 주민자치회 시범실시 지역으로 선정했고, 2015년에는
18개 읍·면·동을 추가로 선정하는 등 현재 83개 읍·면·동이
일부 수정된 협력형 모델에 따라 시범실시 중이다.

　한편, 2018년 11월 18일 입법예고된 '지방자치법 전부개정

법률안'은 제13조의3에서 주민자치회의 근거를 마련하여 주민자치회 구성·사무 등 기본사항과 국가나 자치단체의 행·재정적 지원 근거를 명시하고 세부 운영사항은 조례에 위임하도록 하고 있다. 하지만 아쉽게도 동법률안 역시 통합형과 주민조직형 모델에 대한 근거는 마련하고 있지 않다.

3) 주민자치회 모델[*]

위원회가 마련한 협력형·통합형·주민조직형의 세 가지 주민자치회 모델과 행정안전부 시범실시 모델의 요지는 다음과 같다.

① 협력형 모델

협력형 모델은 주민 전원으로 구성되는 주민자치회 안에 주민대표로 구성되는 의결·집행기구인 주민자치위원회를 읍·면·동 사무소의 협력기구로 설치·운영하는 안으로, 주민자치회는 주민자치 기능, 위임·위탁사무 처리기능을 수행하고, 읍·면·동 행정기능 중 지역개발, 생활안전, 복지, 금전적 부담, 편의시설 운영 등 주민생활과 밀접한 사항의 협의·심의기능을 수

---

[*] 지방행정체제개편추진위원회, 「대한민국 백년대계를 향한 지방행정체제 개편」, 2013, 210~212면.

행한다. 협력형 모델의 경우 주민자치위원회의 운영지원을 위해 유급사무원 또는 자원봉사자를 둘 수 있고, 필요시 지방자치단체에 공무원 파견 요청을 할 수 있다.

② 통합형 모델

통합형 모델은 주민 전원으로 구성되는 주민자치회 안에 주민대표로 구성되는 의결기구인 주민자치위원회와 그 소속하에 공무원으로 구성되어 집행기능을 담당하는 사무기구(기존 읍·면·동 사무소)를 설치·운영하는 안으로, 주민자치회는 현재 읍·면·동 사무소에서 처리하는 일체의 행정기능은 물론이고, 주민자치 기능, 위임·위탁사무 처리기능을 수행한다.

③ 주민조직형 모델

주민조직형 모델은 주민 전원으로 구성되는 주민자치회 안에 주민대표로 구성되는 의결·집행기구인 주민자치위원회를 설치·운영하고 기존 읍·면·동 사무소는 폐지하는 대신 주민자치회 운영을 지원하기 위해 유급사무원 또는 자원봉사자로 구성되는 사무기구를 두고 필요시 지방자치단체에 공무원 파견 요청이 가능하도록 하는 안으로, 주민자치회는 주민자치 기능, 위임·위탁사무 처리기능을 수행한다.

④ 행정안전부 모델

행정안전부는 협력형 모델을 일부 수정해 주민자치회 시범사업을 실시하고 있다. 행정안전부 모델과 협력형 모델 간의 주요 차이는 협력형 모델에서는 주민 전원으로 구성되는 주민자치회 안에 주민대표로 구성되는 주민자치위원회가 존재하는 반면, 행정안전부 모델은 주민자치회 자체를 주민대표기구로 구성한다는 것이다.

4) 제주특별자치도의 주민자치위원 추첨선발제 도입

주민자치 실현을 위해서는 무엇보다도 가능한 한 다수의 주민이 주민자치조직에 자유롭고 평등하게 참여할 수 있도록 해야 한다. 하지만 대표적인 주민자치조직이라 할 수 있는 주민자치위원회의 위원 선정에 있어 객관성과 공정성이 담보되지 못해 이를 실현하기가 어려웠다. 이에 제주특별자치도는 2016년 7월 8일 「제주특별자치도 주민자치센터 설치·운영 조례」(이하 '자치조례'라고 한다) 개정을 통해 19세 이상의 해당 읍·면·동 주민이고 「공직선거법」 제19조의 피선거권이 없는 자가 아닌 자 중에서 주민자치학교 수료를 전제로 추첨을 통해 자치위원을 선정·위촉하도록 함으로써 전국 최초로 주민자치위원 선정에 추첨제를 도입했다.*

---

* 자세한 내용은 다음 논문을 참조 ; 신용인, 「추첨 방식의 주민자치위원회 구성에 관한

5) 서울형 주민자치회 시범사업

서울시는 「지방분권법」 제27조 내지 제29조에 근거하여 동 단위 주민자치 활성화를 통해 실질적인 주민자치 권한과 역량을 높이기 위해 2018년부터 '서울형 주민자치회' 시범사업을 시행하고 있다.[*] 여기서 주민자치회란 풀뿌리자치 활성화와 민주적 참여의식 고양을 위하여 동에 설치되고 주민을 대표하여 주민자치와 민관협력에 관한 사항을 수행하는 조직을 말한다 (서울시 주민자치회 시범실시 조례 표준안 제2조 제1호). 시범사업의 요지는 다음과 같다.

① 비전 및 목표

비전은 "동 지역사회의 주민자치력 강화를 통해 민관협력적 사회문제 해결력을 높이고, 개인이 행복한 지역사회 공동체를 형성"하는 것이다. 핵심 가치는 "민주적 참여문화와 동 지역사회 민관협력"이며, 목표는 "공공성 높은 주민자치제 운영 및 주민이 결정하는 동 자치계획 수립 및 집행"이다.

② 사업 개요

자치구별로 5개 동을 선정하여 2018년 1월부터 2019년

고찰」, 『지방자치법연구』 16(3), 2016.
[*] 서울특별시, 「서울형 주민자치회 시범사업 추진계획」, 2018. 참조.

12월까지 실시한다. 주요 내용으로는 (1) 주민자치회 신규 구성 및 운영, (2) 자치계획 수립 및 실행을 위한 분과 운영, (3) 주민참여예산 사업 제안 및 주민총회 개최를 들 수 있다. 이러한 시범사업에 대한 근거 마련을 위해 주민자치회 조례 개정을 추진한다.

③ 주요 특징

서울형 주민자치회의 주요 특징으로는 다음을 들 수 있다.*

첫째, 추첨 등을 통한 주민대표조직 구성을 들 수 있다. (1) 주민자치회 정원을 50명으로 확대하고 그 구성을 특정 성별은 60% 미만으로, 40대 이하는 15% 이상으로 구성하도록 했다. (2) 주민의 자유롭고 평등한 참여를 보장하기 위해 제주특별자치도의 경우와 마찬가지로 주민자치학교 이수 후 공개추첨 방식으로 주민자치회 위원을 선정하도록 했다.

둘째, 주민자치회의 권한 확대를 들 수 있다. 주민자치회는 기존의 주민자치위원회와 달리 행정사무 협의·수탁·계획, 자치계획 수립 및 실행, 서울시 참여예산 사업 선정 등의 권한을 가지도록 했다.

---

* 안현찬,「서울형 주민자치회는 동 단위 주민자치 플랫폼」,『주민자치』81호, 2018, 22~23면.

셋째, 구와 동의 지원체계 구축을 들 수 있다. 구 단위에서는 자치구 주민자치사업단을, 동 단위에서는 동자치지원관을 두어 주민자치에 필요한 업무를 지원하도록 했다. 주민자치사업단의 경우 주민 주도의 실질적 주민자치를 실현하고 주민자치회 사업이 취지에 맞게 조기 안착할 수 있도록 하고자 민간 법인에 위탁하여 운영하도록 했다.

넷째, 주민 참여 확장을 들 수 있다. (1) 주민자치위원이 아닌 주민도 참여할 수 있도록 열린 분과위원회를 구성하고, (2) 주민 모두가 참여하는 주민총회를 통해 자치계획 결정, 주민참여예산 사업 제안, 주민자치회 활동 평가, 기타 지역 현안 등에 관한 사항 결정을 할 수 있도록 했다.

3. 현행 주민자치제도의 문제점

1) 주민자치센터와 주민자치위원회 제도의 문제점

주민자치센터와 주민자치위원회 제도는 Top-down 방식, 법적 근거 미비, 참정권의 제약, 권한의 미약 등으로 실질적인 주민자치 실현에는 태생적 한계가 있다는 문제가 있다.

첫째, 주민자치센터와 주민자치위원회 제도는 해당 지역의 주민이 스스로 그 필요성을 절감하고 주도적으로 구성·운영하는 Bottom-up 방식으로 시작된 것이 아니라 정부가 주도하여 Top-down 방식으로 시행되었기 때문에 처음부터 주민자치가 아니라 주민관치로 흐를 가능성이 농후했다. 더군다나 정부의 의도조차 순수하지 못했다. 즉 정부가 주민자치 활성화에 대한 진지한 의지를 갖고 접근한 것이 아니라 읍·면·동의 축소에 따른 임시방편으로 주민자치센터를 설치하면서 주민자치위원회를 구색 맞추기 식으로 덧붙인 것이어서 처음부터 한계가 분명했다.

둘째, 주민자치센터와 주민자치위원회 제도에 대한 법령상의 직접적인 근거가 없다. 자치준칙 제1조는 법령상의 근거로 「지방자치법」 제8조와 동법 시행령 제8조를 제시하고 있으나 이 두 조문은 자치준칙의 직접적·명시적인 근거라기보다는 간접적 근거 정도에 불과하다. 따라서 주민자치센터와 주민자치위원회 제도는 국가적 차원의 법령 근거 없이 행정부처에서 임의로 제시한 자치준칙에 의해 설치·운용되고 있어 그 법제적 한계가 분명하다.* 다만 제주특별자치도의 경우에는 「제주

---

* 문상덕, 「주민자치조직의 법제화 : 주민자치회에 관한 법률 제정의 방향 모색」, 『행정법연구』 48, 2017, 11면.

특별법」에 근거를 두고 있다는 점은 앞서 본 바와 같다.

셋째, 주민자치의 관점에서 볼 때 주민자치위원회의 구성에 있어 가장 중요한 점은 해당 읍·면·동의 주민이 자유롭고 평등하게 참여할 수 있도록 해야 한다는 것이다. 하지만 그러한 참여제도의 미비로 인해 실제로는 읍·면·동장이 자유재량에 의해 주민자치위원을 선정하는 등 주민참정권이 형식화되었다. 그 결과 바르게살기협의회, 새마을부녀회 등 관변단체 인사 중심으로 주민자치위원이 구성되어 주민자치위원회 자체가 대다수의 주민으로부터 외면당하고 있는 실정이다. 제주특별자치도는 이러한 문제점을 극복하기 위해 주민자치위원 선발에 추첨제를 도입했다.

넷째, 기존 주민자치위원회는 법인격은 물론 권리능력 없는 사단으로서의 지위도 없어 자치권의 주체가 될 수 없음은 물론, 지방자치단체로부터 권한의 위임 또는 위탁을 받는 것조차 허용되지 않는다. 그리하여 주민자치위원회의 활동은 주민자치센터의 문화프로그램을 짜거나 과거의 동정자문회의처럼 읍·면·동 행정에 협력하는 수준에 그치고 있다. 나아가 주민자치센터에서 운영되고 있는 다양한 프로그램이 평생 교육프로그램 및 민간부문 프로그램과 중복되어 민간 경제를 침해하는 문제도 발생하고 있다.*

2) 주민자치회의 문제점

주민자치회는 「지방분권법」이라는 법률적 근거를 가지고 있는 점, 일부 주민자치회의 경우 위원 선정방법으로 추첨제를 도입한 점, 권리능력 없는 사단의 성격을 가져 권한의 위·수탁이 가능한 점 등에서 기존 주민자치위원회에 비해 진일보한 면은 있다. 하지만 현재 주민자치회 모델 중 통합형과 주민조직형은 현행 법령 위반이라는 이유로 실시가 유보되고 협력형 모델을 일부 수정한 행정안전부 모델만 시범실시되고 있는데, 행정안전부 모델은 기존 주민자치위원회와 별다른 차이가 없어 앞서 언급한 문제점인 Top-down 방식, 참정권의 제약, 권한의 미약 등이 그대로 드러나고 있다. 까닭에 주민자치회가 '주민'회도 아니고 '자치'회도 아니며 준準주민자치회도 아닌 조직임에도 '주민자치회'라는 이름을 걸고 풀뿌리자치를 한다고 하는 것은 국민의 자치 열망을 실망과 무력감으로 마취시키는 마취제에 불과하다는 신랄한 비판이 제기되고 있다.** 서

---

* 정지훈, 「주민자치회 도입에 따른 지방자치단체 적용방안의 탐색적 연구 : 용인시를 중심으로」, 『한국정책연구』, 16(1), 2016, 16면.

** 이기우, 「주민자치회 법제화의 여부와 방법」, 『주민자치 활성화를 위한 법제도 개선방

울시에서 의욕적으로 추진하고 있는 서울형 주민자치회도 행정안전부 모델을 기반으로 하고 있다는 점에서 별반 다름이 없다. 특히 서울형 주민자치회에 대해서는 관변조직화의 문제점도 지적되고 있다. 시장 → 구청장 → 구자치지원관 → 동자치지원관 → 주민자치회 간사 체계 구축으로 주민자치회 위원의 자율성은 싹트기 힘든 실정이라는 비판*, 자치지원관을 구와 동 단위에 배치하고 자치지원관 인선을 전적으로 관변단체가 하도록 함으로써 주민자치를 사실상의 관변단체의 활동무대로 만드는 우를 범했다는 비판** 등이 그것이다.

주민자치의 핵심 요소는 주민의 자기입법과 자기통제에 있다. 주민자치회가 명실상부한 주민자치조직이 되고자 한다면 무엇보다도 자기입법권과 자기통제권을 가지고 있어야 한다. 하지만 현행법상 주민자치회가 해당 읍·면·동의 문제를 규율하기 위해 자기입법을 할 수 있는 권한을 가지는 것은 불가능하다. 읍·면·동 자체가 아무런 자치권도 없는 하부행정기관에 불과하기 때문이다. 주민자치회가 읍·면·동 사무소를 지

안 토론회 ― 주민자치회 개별입법 필요한가』, 2018, 53면.

* 박승수, 「직접 실무·기획·지휘하는 주민자치위원상 정립 필요」, 『주민자치』 81, 2018, 40면.

** 전상직, 「지원관 파견은 주민들 무시와 불신의 정책적 표현」, 『주민자치』 81, 2018, 33면.

휘·감독하거나 읍·면·동 사무소를 대체하는 자치조직을 만드는 것도 역시 불가능하다. 현행법상 주민자치회의 역할은 읍·면·동 사무소의 행정에 협력하는 것이 최대한이기 때문이다. 이런 상황에서 주민자치회가 명실상부한 주민자치조직이 되는 것은 처음부터 어불성설이었다. 그렇다면 어떻게 해야 자기입법과 자기통제가 실질적으로 이루어지는 주민자치를 실현할 수 있을까? 이때 간디가 꿈꾼 마을공화국은 우리에게 새로운 영감을 불어넣는다.

2장

간디의 마을공화국

1. 마을공화국을 꿈꾼 간디

인도의 국부로 추앙받는 마하트마 간디가 평생에 걸쳐 추구한
목표는 '비폭력'이었다. 간디는 사티아그라하^{Satyagraha}(진리의
힘)와 아힘사^{Ahimsa}(비폭력)의 적극적 실천을 통해 비폭력이 구
현되는 새로운 세상을 만들고자 했다. 한편, 국가는 비폭력과
모순된다고 생각했다. 간디는 "국가는 농축된 폭력이다. 개인
에게는 영혼이 있지만 국가는 영혼이 없는 기계이다. 국가의
존재 자체는 폭력에서 유래하기 때문에 폭력과 분리되는 것은
불가능하다"라고 말했다.* 국가는 본질적으로 폭력적이므로
국가가 지상에서 사라질 때 비로소 비폭력이 완전히 구현되는

이상사회가 온다고 본 것이다. 하지만 국가의 소멸은 현실적으로 불가능하고 또 무질서를 초래해 바람직하지도 않으므로 그 대안으로 스와라지Swaraj를 구현하는 공동체를 제안했다. 스와라지란 자기를 뜻하는 스와swa와 통치를 뜻하는 라지raj의 합성어로 자기통치, 즉 자치를 의미한다. 간디는 스와라지를 외부의 간섭을 받지 않는 정치적 자치와 자급자족을 뜻하는 경제적 자치의 두 가지 의미로 파악했다.[**] 정치·경제적으로 자치와 자급의 스와라지를 구현하는 공동체가 만들어진다면 그 공동체는 개인의 완전한 자유와 성장을 위해 작동할 것이므로 비폭력 사회의 구현이라는 이상에 성큼 다가설 수 있다. 한편, 당연히 공동체의 규모는 크지 않아야 한다. 개인의 완전한 자유와 성장을 위한 공간은 작은 조직만이 제공할 수 있기 때문이다. 조직이 커질수록 개인의 주도성과 자유는 줄어든다. 큰 조직은 통일성을 추구하며 개인과 작은 공동체를 억압하며 정체와 부패를 증대시키는 경향이 있다.[***]

간디는 그러한 자치공동체로 마을을 주목했다. 간디는 평소

---

[*] C. 더글러스 러미스, 『간디의 '위험한' 평화헌법』, 김종철 옮김, 녹색평론사, 2014, 76면.

[**] 박홍규, 「간디의 자치사상」, 『석당논총』 59, 2014, 49면.

[***] 마하트마 간디, 『마을이 세계를 구한다』, 김태언 옮김, 녹색평론사, 2011, 10면.

입버릇처럼 "인도에는 70만 개의 마을이 있다"고 말했다. 인도의 마을은 전통적으로 자치와 자립을 누리고 있었다. 영국의 인도 총독이었던 찰스 메트 칼프는 1830년 "인도의 마을은 주민이 필요로 하는 모든 것을 대부분 가지고 있는 작은 공화국이고 외부로부터 거의 독립되어 있다"는 말을 남겼다.* 간디는 이러한 인도 마을의 전통에서 스와라지를 실현하는 마을공동체인 마을공화국의 가능성을 발견한 것이다.

간디는 인도의 독립은 아래로부터 시작되어야 한다고 믿었다. 여기서 아래란 마을을 의미한다. 마을이 독립운동의 출발점인 것이다. 인도 독립투쟁을 주도적으로 이끌었던 국민회의는 간디의 이러한 믿음을 받아들여 1921년부터 조직의 방향을 마을로 돌렸다. 국민회의는 마을 주민들의 생활 현장을 중심에 두고 마을 스와라지를 구현함으로써 영국 식민지 정부의 권위가 아래로부터 차츰 약해지고 최후에는 무력해지도록 하는 전략을 세웠다. 이 전략은 매우 효과적이었고 인도 독립의 견인차 역할을 톡톡히 했다. 마침내 인도가 독립을 이루자 간디는 이 전략을 자유인도에도 적용하고자 했다. 그는 자유인도의 통치구조 기본단위를 마을공화국으로 상정했다. 마

---

* 자와할랄 네루, 『세계사 이야기』, 사상사회연구소 옮김, 사사연, 1999, 174면.

을공화국은 마을 주민이 선출한 다섯 명의 대표로 구성된 '판차야트' 지휘 아래 완전한 권력을 누리는 작은 정치 단위*인 동시에, 자발적 협력의 기초 위에서 모든 주민에게 완전고용을 제공하고, 의식주 등 생활의 기본적 욕구에서 자급자족을 이루기 위해 일하는 인간 중심의 착취 없는 자립적인 경제단위**이다. 그 상위에는 마을을 전국적으로 연결하는 일종의 국제기구와 같은 조직을 설치한다. 그 조직은 마을 상호 간의 활동을 조정하는 역할을 한다. 하지만 그 조직은 마을에 대해 조언만 할 수 있을 뿐 명령할 수는 없다. 그 조직은 명령권이 없기에 당연히 군대를 둘 수도 없다. 그렇게 되면 인도는 군사력이 없는 비폭력 마을공화국 연합체가 되는 것이다.

2. 인도 헌법에의 부분적 반영

인도가 영국의 지배로부터 해방되어 국민회의 중심으로 중앙정부가 꾸려지자 간디는 국민회의 간부들에게 정부 요직을 버

---

* 마하트마 간디, 앞의 책, 13면.
** C. 더글러스 러미스, 앞의 책, 16면.

리고 자기 마을로 돌아가 마을공화국 건설운동에 매진할 것을 요구했다. 나아가 1948년 1월 30일 자신의 마을공화국 구상을 담은 「자유인도를 위한 간디의 헌법안」(이하 '간디 헌법안'이라 한다)을 인도 국민회의 서기장에게 전달했다.* 하지만 국민회의 지도부의 주류 입장은 간디의 생각과는 전혀 딴판이었다. 간디의 동료이자 후계자인 네루는 마을의 경우 교육적으로나 문화적으로 뒤떨어져 있는 것이 보통이므로 마을공화국으로는 결코 진보를 이룰 수 없고, 인도의 당면 문제를 해결하기 위해서는 강력한 중앙집권적 국가가 필요하다고 주장했다.** 암베드카르는 마을은 카스트 계급제도와 지역주의의 시궁창이고, 무지와 편협함의 상징이자 종파주의의 소굴이므로 마을공화국의 이상은 국가에 해악을 초래할 뿐이라고 주장하며 간디의 마을공화국을 강력히 비판했다.***

이로써 간디와 국민회의 지도부 사이에 갈등이 불가피한 상황이 전개되는 듯했다. 그러나 그 상황은 제대로 펼쳐지지도 못하고 곧 종식되었다. '간디 헌법안'이 제출된 바로 그날 저녁

---

* 간디의 마을공화국 구상은 간디의 제자였던 슈리만 나라얀 아가르왈이 1945년 또는 1946년에 출판한 『자유인도를 위한 간디의 헌법안』에 구체적으로 소개되어 있다.
** 박홍규, 앞의 논문, 50~51면.
*** 고홍근, 「빤짜야뜨 라즈 : 그 과거와 현재」, 『남아시아연구』 14(1), 2008, 5면.

간디는 힌두교 광신자인 나투람 고드세의 흉탄에 맞아 쓰러졌기 때문이다. 간디의 죽음과 함께 '간디 헌법안'도 사장되었다. 하지만 그 후에도 마을공화국을 제도화하려는 노력은 계속되었고, 그 결과 인도 정부는 1992년 12월경 제73차 헌법 개정을 통해 판차야트를 헌법적으로 도입하였다. 하지만 판차야트 설립 취지에 대한 주민들의 무지와 무관심, 카스트나 종파에 기반을 둔 특정집단의 판차야트 장악, 판차야트의 자의적인 권한 남용, 주정부의 소극적 자세, 여성이나 달리트 등 소외계층의 판차야트 참여 미약 등으로 인해 간디의 꿈은 아직도 요원한 상태라고 할 수 있다.[*]

3. 시사점

간디가 주창한 마을공화국은 중앙집권적 사고방식에 젖어 있는 우리에게는 무척 낯설게 다가올 수도 있다. 그럼에도 마을공화국은 우리에게 강한 매력을 뿜어낸다. 마을공화국이라는 단어에는 지배가 없는 이상적인 공동체를 향한 인류의 오랜

---

[*] 고홍근, 앞의 논문, 23~25면.

염원이 담겨 있기 때문이다. 중세의 교부철학자 아우구스티누스는 인간이 합리적이고 자족하는 존재라면 소규모의 자립적인 국가, 즉 마을공화국을 무수하게 건설하여 평화롭게 살아갈 것이라고 말했다.

또한 마을공화국은 인간적이다. 거대함에는 인간적인 것이 끼어들 여지가 없다. 거대함은 항상 비인간적이다. 양극화, 고용불안, 저출산, 우울증, 난개발 등 우리 사회의 수많은 문제도 인간적인 것의 상실에서 생겨났다. 따라서 사회문제의 해법은 인간적인 것의 회복에서 찾아야 한다. 인간적인 것의 회복은 거대한 국가에서는 찾을 수 없다. 작은 것에서 찾아야 한다. 구체적으로는 자치와 자립을 이루는 마을공동체에서 찾아야 한다. 정치적으로는 주민 스스로 통치하는 마을정부가 있어야 하고, 경제적으로는 주민 스스로 운용하는 마을기금이 있어야 한다. 그래야 자치와 자립을 통해 개인의 완전한 자유와 성장을 도모할 수 있다. 그때 우리는 참으로 인간적인 삶을 살 수 있다.

3장

마을공화국이란?

읍·면·동 단위에서 주민의 자기입법과 자기통제가 구현되는 명실상부한 주민자치가 실현되기 위해서는 읍·면·동이 마을공화국이 되어야 한다. 즉 읍·면·동 주민이 스스로 마을헌법(자치헌장)을 제정할 뿐 아니라 그 마을헌법에 근거하여 마을정부를 수립하고 마을기금을 조성하여 스스로 통치할 수 있어야 한다. 그래야 명실상부한 주민자치가 가능해진다. 마을공화국이란 '마을', '공화', '국'이라는 세 가지 단어가 합성된 개념이다. 이에 '마을', '공화', '국'을 차례대로 살펴보면서 마을공화국의 모습을 개략적으로나마 그려보기로 한다.

1. '마을'의 의미

『표준국어대사전』에서 '마을'이라는 단어를 검색하면 '주로 시골에서, 여러 집이 모여 사는 곳'이라고 나와 있다. 『표준국어대사전』의 풀이를 문자 그대로 받아들이면 마을은 농어촌만을 의미하고 도시지역은 제외되는 것처럼 생각할 수도 있다. 그러나 마을은 함께 거주하는 사람들의 공동체를 뜻하는 단어로 농어촌이나 도시 어디에나 존재한다.* 따라서 농어촌지역 외에 도시지역도 마을에 해당된다고 보는 것이 타당하다고 할 것이다.

한편, 마을의 범위를 어디까지로 볼 것인지도 쉽지 않은 문제다. 도시지역의 경우에는 '동'을 마을 단위로 보더라도 별 무리는 없을 것이다. 하지만 농어촌 마을을 '읍·면' 단위로 볼 것이냐 '리' 단위로 볼 것이냐에 대해서는 일률적으로 말하기가 곤란하다. 통상적으로는 '리' 또는 '자연부락'을 마을의 단위로 본다.

리나 자연부락의 경우 마을 주민이 이장 또는 마을회장을 선출하고, 운영위원회가 주민의회 역할을 하며, 주민 모두가

---

* 김기홍, 『마을의 재발견』, 올림, 2014, 18면.

참여하는 마을총회가 열리는 등 사실상 마을공화국을 미약하나마 자율적으로 구현하고 있는 곳이 많다. 이 경우 제도화 운운하며 법률과 조례를 들이댄다면 오히려 리 또는 자연부락의 자율성과 다양성을 위축시키는 우를 범할 수도 있다.

반면 읍·면은 마을공화국의 싹조차 보기 어려울 정도로 자치 여건이 척박하다. 현행제도상 읍·면은 하부행정기관에 불과하여 자치사각지대에 해당한다. 따라서 마을공화국의 '제도화'라는 관점에서 본다는 농어촌지역의 경우도 마을공화국의 단위를 리 단위보다는 읍·면 단위로 접근하는 것이 바람직하다.

2. '공화'의 의미

마을공화국은 '공화'를 표방하고 있다. 이에 비춰 볼 때 마을공화국은 '공화주의'를 이념적 토대로 하고 있다는 것을 알 수 있다. 공화주의는 앞서 본 바와 같이 크게 적극적 공화주의와 소극적 공화주의로 구분할 수 있다. 적극적 공화주의의 핵심 키워드가 시민의 통치라면, 비지배자유는 소극적 공화주의의 핵심 키워드다.

마을공화국에서의 '공화'는 적극적 공화주의와 소극적 공화주의를 모두 포함하여 시민의 통치와 비지배자유를 동시에 지향하는 개념으로 보아야 할 것이다. 여기서 그 둘을 동시에 구현하는 방법이 바로 주민의 자기입법과 자기통제를 핵심 요소로 하는 주민자치다. 입법을 통해 읍·면·동 주민에게 고도의 자치권이 부여될 때 시민의 통치와 비지배자유가 동시에 실현될 수 있다.

3. '국'의 의미

마을은 기껏해야 읍·면·동의 수준을 넘지 않는 작은 단위이다. 그럼에도 구태여 '나라 국國'이란 용어를 사용한 것은 자족성을 갖춘 공동체를 강조하고자 함이다. 마을은 정치·경제·사회·문화 등 마을 주민의 총체적인 생활영역을 이루는 단위로서 그 안에는 자치와 자립을 이룰 수 있는 자족성을 갖추고 있다. 마을 안에 나라가 있는 것이다.

따라서 마을공화국이 되기 위해서는 정치적 자치를 이룰 수 있는 기반으로서 마을정부가 있어야 하고, 경제적 자립을 이룰 수 있는 기반으로서 마을기금이 필요하다. 그 점에서 마을정부와 마을기금은 마을공화국의 양대 조직이라고 할 수 있다. 또한 마을공화국의 연대체인 마을민회가 있어야 한다. 마을정부, 마을기금, 마을민회에 대해서는 뒤에서 상술하기로 한다.

3

마을공화국의
얼개

1장

마을공화국의 구성 원리

마을공화국이 제대로 실현되기 위해서는 자치 규모 못지않게 중요한 것이 구성 원리다. 즉 마을공화국의 조직은 시민의 통치와 지배로부터의 자유가 가장 잘 구현될 수 있는 원리에 따라 구성되어야 한다. 이러한 마을공화국의 구성 원리로는 추첨제, 보충성 원리, 연방주의, 셋을 들 수 있다.

1. 추첨제

추첨제란 주민을 대표하여 입법·행정·사법 등 공적 영역의 업무를 담당할 사람을 추첨이라는 방식으로 선발하는 제도를 말한다. 우리에게 있어 대표자를 추첨으로 선발한다는 발상은 너무나 생소하다. 대표자의 선출을 운이나 재수에 맡긴다는 것은 상식적으로 납득하기가 어렵고 심지어는 민주주의를 희화화한다는 생각까지 든다. 민주주의 국가에서 대표자는 선거로 선출해야 한다는 고정관념이 우리의 머릿속에 확고하게 박혀 있기 때문이다.

그러나 민주주의의 원형으로 불리는 고대 아테네 폴리스에서는 대표자 선출 원칙이 선거제가 아니라 추첨제였다. 아테네의 경우 최고의사결정기관은 시민인 성년 남자라면 누구나 참여할 수 있는 민회ekklesia였으나, 실제로는 민회보다는 평의회boule가 더 중요한 기능을 수행했고, 그 구성원을 선발하는 데 추첨이 폭넓게 사용되었다. 민회의 정족수는 6,000명이나 되었기 때문에 자체 안건을 준비하고 법안을 기초하거나 새로운 정치적 제안을 접수하기에는 그 규모가 너무 컸다. 따라서 일종의 시민대표회의체라고 할 수 있는 평의회가 구성이 되어 민회의 집행위원회 내지 운영위원회 역할을 담당했다. 평의회는 시민 자격이 있는 30세 이상의 남성 지원자 중에서 추첨으로 선발된 평의원으로 구성되었다. 아테네 폴리스는 10개 부족으로 구성되었는데 각 부족에서 50명씩을 선발했으므로 평의원은 모두 500명이었다. 평의원의 임기는 1년이고 연임

할 수 없었다. 평의회는 10개의 위원회로 구분되어 각 위원회는 순차로 1년 임기의 10분의 1씩 기간 동안 업무를 수행했다. 평의회는 민회에서 토론할 의제를 준비하고 결정사항을 실행했고, 주요 공공업무를 감시했으며, 외교사절 접견 등 대외적인 업무도 담당했기 때문에 아테네의 가장 중요한 통치기구였다.*

아테네에서 추첨제를 도입한 까닭은 우선 평등을 중시했기 때문이다.** 당시 아테네인들이 지향한 정의 관념은 공직을 포함한 사회적 재화들은 모든 시민들 사이에서 평등하게 배분되어야 한다는 것이었다. 그런데 선거의 경우 명성과 부를 갖춘 특정 엘리트 위주로 공직을 맡을 가능성이 높아 아테네의 정의 관념에 어긋난다. 반면 추첨은 누구에게나 공직을 맡을 기회가 수학적 확률로 동등하게 보장되기 때문에 정의 관념에 더 부합한다. 공직 진출의 평등한 기회를 보장하는 추첨제가 선거제보다 훨씬 정의로운 선발 방식인 것이다. 아리스토텔레스는 이렇게 말했다. "추첨제는 민주정체의 요소인 반면 선거제는 과두정체의 요소다."*** 우리가 민주주의의 꽃이라고 부

* 버나드 마넹, 『선거는 민주적인가』, 곽준혁 옮김, 후마니타스, 2004, 34~35면.
** 이지문, 『추첨민주주의 이론과 실제』, 이담북스, 2012, 113~115면.
*** 아리스토텔레스, 『정치학』, 천병희 옮김, 숲, 2009, 225면.

르는 선거를 아테네인들은 귀족정의 요소로 간주했다는 점이 흥미롭다.

또 다른 이유로는 아테네인들의 자유 관념을 들 수 있다.[*] 아리스토텔레스는 "모든 민주정체가 추구하는 목표는 자유를 누리는 것이고, 자유의 원칙 중 하나는 모두가 번갈아가며 지배하고 지배받는 것이다"라고 말했다.[**] 이처럼 아테네인들은 자유란 자신이 속한 정치공동체의 통치 주체가 되는 것이라고 이해했다. 즉 자기통치의 자유를 자유의 핵심으로 본 것이다. 추첨제가 관직 교체의 원칙과 결합함으로써 아테네의 시민은 일생 동안 적어도 한 번은 공직을 맡게 되어 자기통치를 통한 자유를 향유할 수 있었다.[***]

이처럼 아테네에서 추첨제가 공직 선발의 원칙으로 활용될 수 있었던 것은 아테네인들이 민주주의를 특별한 엘리트의 지배가 아니라 보통 사람의 지배로, 그리고 누구나 지배자의 지위에 오를 수 있는 가능성을 동일하게 얻는 정치체제로 이해하였기 때문이다.[****] 아테네인들만 그렇게 생각한 것은 아

---

[*] 이지문, 앞의 책, 115~116면.

[**] 아리스토텔레스, 앞의 책, 334면.

[***] 이지문, 앞의 책, 114~115면.

[****] 어니스트 칼렌바크·마이클 필립스, 『추첨 민주주의』, 손우정·이지문 옮김, 이매진, 2011, 8면.

니다. 근대의 사상가 몽테스키외와 루소도 대표자 선발 방법으로 선거와 추첨을 꼽고 선거가 귀족적이라면 추첨은 민주적이라고 생각하였다.

하지만 대의민주주의가 확립된 이후 선거제가 대표자의 민주적인 선발 방법으로 확고하게 자리매김하면서 추첨제는 망각의 강으로 흘러가 버렸고, 오늘날 추첨을 통해 정치적 대표자를 선출하는 경우를 찾아보기는 어렵다. 이처럼 추첨제가 사라지게 된 이유로는 종교적 우려, 이성과 능력 중시의 풍토, 지배에 대한 동의 등이 주장되고 있지만, 결정적인 이유는 근대 정부를 창시한 부르조아 엘리트 계층이 정치적 주도권을 장악하고자 했기 때문이다.* 즉 추첨제는 엘리트 위주의 선발을 불가능하게 만들어 엘리트 계층의 정치권력 장악 및 재생산을 어렵게 만드는 반면, 선거는 재산, 사회적 지위, 명성에서 유리한 엘리트 중심으로 선발을 할 수 있게 되어 정치권력의 장악 및 재생산이 가능한 선발 방식이었다. 그리하여 근대 시민혁명의 지도자들은 입으로는 만민평등을 외치면서도 추첨제가 아닌 선거제를 대표자 선출의 절대적이고 유일한 방식으로 만들었다.

---

* 이지문, 앞의 책, 160~169면.

하지만 추첨제는 선거제와 비교해 볼 때 결코 무시하지 못할 강점이 있다. 여기서는 이지문이 주장한 추첨제의 강점을 소개하는 것으로 갈음한다. 이지문은 자유, 평등, 대표성, 통합, 공공선, 합리성, 시민 덕성 등 일곱 가지 요소를 기준으로 추첨제와 선거제를 비교해 보면 추첨제가 한국 민주주의의 질적 고양을 위한 유용한 도구가 될 수 있다고 주장한다.[*]

첫째, 자유의 면을 보면, 추첨제는 대표자를 선택하는 데 그치는 소극적 자유가 아니라 자기통치의 적극적 자유를 실현한다는 점에서 선거보다 자유를 증진시킨다.

둘째, 평등의 면을 보면, 피선거권의 평등이라는 형식상 기회의 평등이 아니라 선택되어질 기회의 실질적 평등 및 배분의 정의 확립이라는 면에서 선거보다 더 평등에 기여한다.

셋째, 대표성의 면을 보면, 특정 사회계층의 과다 또는 과소 대표가 아니라 다양한 국민을 있는 그대로 반영하는 기술적 대표성 확립을 통해 실질적·상징적 대표성을 제고한다.

넷째, 통합의 면을 보면, 선거가 조장하는 분열과 부정, 정치 부패가 현저히 적어지고, 그로 인한 정치 불신이 사라진다는 측면에서 통합을 가져온다.

---

[*] 이지문, 앞의 책, 217~329면.

다섯째, 공공선의 면을 보면, 정당·지역구·이익단체의 영향력과 함께 다양성 및 일반 시민의 입장에 대한 이해 부족으로 공공선을 추구하기 어려운 선거에 비해, 독립적인 판단과 다양한 대표들의 의회 진입에 따르는 대중지성 발현으로 공공선 추구에 적합하다.

여섯째, 합리성의 면을 보면, 유권자의 비합리적 투표 행태 및 득표율에 비례하지 않는 선거제도, 막대한 선거관리비용 대신 과학적 사회통계기법으로 사회 전체를 의회에 반영할 수 있으며 선거 제반 비용이 소요되지 않는 면에서 합리성에 부합한다.

끝으로 시민 덕성의 면에서 보면, 정치 참여가 투표 참여로 한정되지 않고 직접 참여할 기회를 통한 인간 발달 차원에서 시민 덕성의 발달을 촉진한다.

2. 보충성 원리

보충성 원리란 사업과 활동의 수행은 언제나 작은 단위에게 우선권이 있고, 작은 단위의 능력만으로 수행할 수 없는 사안의 경우에 비로소 더 큰 단위가 보충적으로 개입하여 처리할 수 있다는 원리를 말한다. 보충성 원리는 인간의 존엄성을 근거로 하여 개인이나 작은 공동체의 독자성과 자율성을 확보하기 위해 인정되는 원리이다.

보충성 원리는 그 기원이 아리스토텔레스에까지 거슬러 올라가는데, 토마스 아퀴나스 등에 계승되어 주로 가톨릭신학의 사회이론으로 전개되었다.* 보충성 원리가 처음으로 체계적으로 제시된 문서로는 교황 비오 11세가 1931년 5월 15일 반포한 회칙 「사십주년」Quadragesimo Anno을 들 수 있다. 그 내용은 다음과 같다.**

역사가 명백히 보여주듯이, 사회 상황의 변화 때문에 이전에는 소규모 집단이 수행하던 많은 일이 지금은 대규모 조직체에 의해서만 수행될 수 있다는 것은 사실이다. 그러나 개인의 창의와 노력으로 완수될 수 있는 것을 개인에게서 빼앗아 사회에 맡길 수 없다는 것은 확고부동한 사회 철학의 근본 원리이다. 따라서 한층 더 작은 하위의 조직체가 수행할 수 있는 기능과 역할을 더 큰 상위의 집단으로 옮기는 것은 불의이고 중

* 한귀현, 「지방자치법상 보충성의 원칙에 관한 연구」, 『공법학연구』 13(3), 2012, 248면.
** 「사십주년」에 관한 오경환 신부의 번역문 중 일부를 발췌한 글이다.

대한 해악이며, 올바른 질서를 교란시키는 것이다. 모든 사회
활동은 본질적으로 사회 구성체의 성원을 돕는 것이므로 그
성원들을 파괴하거나 흡수해서는 안 된다.

국가권력은, 자신에게 중대한 혼란의 원천이 되며 중요성
이 적은 사업과 활동의 수행을 다른 조직체에게 넘겨주어야
한다. 그렇게 할 때 국가는 고유하게 국가에 속하고 국가만이
수행할 수 있는 임무를, 상황이 제안하고 필요가 요청하는 대
로, 지도하고 감독하고 격려하고 억제하면서 더 자유롭고 힘
차고 효율적으로 수행할 수 있을 것이다.

현대사회에서 보충성의 원리를 구체적으로 구현하는 대표
적인 제도로는 미국의 타운정부를 들 수 있다. 오늘날 미국은
정치적·경제적·군사적·문화적으로 전 세계에 막강한 영향력
을 행사하며 세계 패권국으로 군림하고 있다. 슈퍼파워 미국
은 세계질서를 자신들의 이해관계에 맞게 쥐락펴락하며 제국
주의의 화신처럼 행동한다. 하지만 동시에 미국은 보충성의
원리에 바탕을 둔 풀뿌리자치 공동체가 매우 발달된 나라라는
점도 기억할 필요가 있다.

프랑스의 정치사상가 알렉시 드 토크빌은 1831년 5월부터
약 7개월 동안 미국을 돌아보고 나서 『미국의 민주주의』라는

책을 저술했는데 그 책은 다른 어떤 책보다 미국의 자치제도에 대한 탁월한 통찰을 담고 있는 명저로 손꼽힌다. 토크빌은 그 책에서 자치제도와 자유의 관계는 초등학교와 학문의 관계와 같으므로 한 민족은 자유로운 정부를 세울 수는 있겠지만 마을자치 없이는 자유의 정신을 가질 수 없다고 하며 자치의 중요성을 강조했다. 그는 자치의 꽃으로 미국 뉴잉글랜드 지방의 마을공동체인 타운Town을 꼽았다. 미국의 타운은 고도의 자치권을 갖는 타운정부를 갖고 있어 마치 독립국가나 마찬가지로 활동했다. 타운 하나하나가 마을공화국인 것이다. 타운이 누리는 자치권은 중앙정부로부터 유래한 것이 아니다. 오히려 타운은 권력의 원천으로 기능하며 타운이 독자적으로 할 수 없는 일들을 처리하기 위해 보다 큰 단위인 주에게 자신의 권한 일부를 위임했다. 주의 권력이 타운으로부터 유래되는 것이다. 토크빌은 자치권을 갖지 못한 주민은 착한 신민은 될 수 있어도 주권자인 시민이 될 수 없다고 말했다. 그 점에서 타운은 주권재민을 실천하는 장이었다. 주민들은 타운정부를 통해 자신들의 권력을 직접 행사하며 주권자 노릇을 했다. 오늘날에도 미국의 타운은 주민 스스로 세운 타운정부를 통해 고도의 자치권을 행사하며 민주주의 보루로서 그 기능을 충실히 수행하고 있다.

우리나라의 경우 「지방분권법」 제9조 제2항에서 "국가는 제1항에 따라 사무를 배분하는 경우 지역주민생활과 밀접한 관련이 있는 사무는 원칙적으로 시·군 및 자치구(이하 '시·군·구'라 한다)의 사무로, 시·군·구가 처리하기 어려운 사무는 특별시·광역시·특별자치시·도 및 특별자치도(이하 '시·도'라 한다)의 사무로, 시·도가 처리하기 어려운 사무는 국가의 사무로 각각 배분하여야 한다"고 하고, 「지방자치법」 제10조 제3항에서 "시·도와 시·군 및 자치구는 사무를 처리할 때 서로 경합하지 아니하도록 하여야 하며, 사무가 서로 경합하면 시·군 및 자치구에서 먼저 처리한다"고 하여 각각 보충성 원리를 규정하고 있다. 그러나 현행 헌법에는 보충성 원리가 명시적으로 규정되어 있지 않다. 입법론으로는 헌법 차원에서 보충성 원리를 명시할 필요가 있다. 한편, 문재인 대통령이 2018년 3월 26일 발의한 헌법 개정안 제9장 제121조 제4항은 "국가와 지방정부 간, 지방정부 상호 간 사무의 배분은 주민에게 가까운 지방정부가 우선한다"고 하여 보충성의 원리를 명문으로 규정하고 있다

오늘날 보충성 원리는 지방자치를 추진하는 원동력으로 강조되고 있다. 그런데 보충성 원리는 마을공화국의 건설에도 매우 강력한 원동력이 된다. 국가, 지방자치단체, 마을의 세 단위를 대상으로 보충성 원리를 적용하면, 셋 중 가장 작은 단위

인 마을이 주민생활과 밀접한 관련이 있는 사무를 스스로 처리할 수 있는 때에는 국가나 지방자치단체가 개입할 수 없고, 그렇지 못한 경우에도 국가나 지방자치단체는 사무 처리의 주체로 직접 나서기보다는 보조와 간섭을 통해 마을이 그 사무를 직접 처리할 수 있도록 지원해야 한다는 결론이 나온다. 마을이 이처럼 주민생활과 밀접한 관련이 있는 사무를 우선적으로 처리하기 위해서는 무엇보다도 마을이 그런 사무에 대해 전권한성全權限性과 자기책임성을 보장받는 자치권을 가져야 한다. 따라서 보충성 원리를 실현하기 위해서는 자치사각지대인 읍·면·동이 법인격과 자치권을 갖는 공법인으로 격상되어 실질적으로 마을정부 노릇을 할 수 있게 하는 것이 급선무라 할 수 있다.

덧붙여 지방분권이라는 용어는 문제가 있음을 지적하고자 한다. 분권, 즉 권한을 나눈다는 것은 본래 국가의 권한에 속한 것을 지방에 나누어준다고 하는 중앙정부 중심의 생각에 근거한다.* 그러나 보충성 원리에 의하면 그러한 생각은 주객이 전도된 것이다. 권한은 원래 마을에 속하는 것이고 마을이 독자적으로 권한을 행사할 수 없는 경우에 한하여 보충적으로 그

---

* 박홍규, 「분권이 아닌 원권으로서의 지방자치」, 『당대비평』 22, 2003, 76면.

권한을 지방자치단체와 국가에 나눠주는 것이다. 따라서 지방
분권이 아니라 마을민회권[原權]이라고 부르는 것이 타당하다.

3. 연방주의

연방주의는 수직적 중앙집권형 통치구조를 거부하고 수평
적 네트워크형 통치구조를 지향하는 대표적인 조직 원리라고
할 수 있다. 연방주의federalism라는 용어는 고대 로마가 동맹국
과 맺은 조약 내지 협정이라는 의미를 지닌 라틴어의 foedus에
서 유래한다. 연방주의는 시대 상황에 따라 생겨난 다양한 흐
름 속에서 개념화된 탓에 하나의 일관된 틀을 가지고 그 실체
를 파악하기가 매우 어렵다.* 오늘날 연방주의는 통치권을 갖
는 다수의 정부가 연합하여 하나의 정치체제를 이루는 이념으
로 이해하는 경향이 일반적이다. 하지만 그런 통치구조적 맥
락을 넘어 더 근본적으로 접근하여 사회 구성 또는 조직 원리
로 이해하는 것이 필요하다.** 연방주의의 아버지라 불리는 요

---

* 한종수, 「EU의 정체에 관한 연구 : 연방주의를 중심으로」, 『한독사회과학논총』 20(2),
  2010, 94면.
** 김영일, 「알투시우스(Johannes Althusius)의 연방주의 연구 ─ 지방자치의 이념적 기

하네스 알투시우스에 의하면 연방주의란 보다 작은 공동체들의 자율성을 보다 크고 상위에 있는 공동체로부터 보장받고, 이들 하위 공동체들의 활성화를 통한 상위 공동체 혹은 전체 사회를 지향한다는 특성을 가진 사회 구성 혹은 조직 원리라고 한다.[*] 여기서는 알투시우스의 입장에 따라 연방주의를 설명한다.

첫째, 연방주의는 중앙집중적인 권위와 권한을 부정하는 다층적 거버넌스의 성격을 갖는다. 알투시우스는 인간이 공동체를 형성하는 이유를 공생적 필요에서 찾는다.[**] 인간이란 혼자서는 완전한 삶을 살 수 없는 존재이므로 자신의 부족한 점을 채워줄 수 있는 그 누군가를 필요로 하게 되고 그런 필요 때문에 자발적으로 사회계약을 맺고 공동체를 형성한다. 공동체들은 또다시 공생의 필요성에 의해 서로 자발적으로 계약을 체결하여 보다 큰 공동체를 형성하게 된다. 이처럼 공동체는 공생적 필요에 의해 가족, 사적 결사, 마을, 도시, 지방, 국가 순으로 아래로부터 위로 순차적으로 구성되는 것이다. 이때 각각

초로서의 연방적 사회 구성」, 『지방정부연구』 6(4), 2002, 278면.

[*] Emst Deuerlein, "Foederalismus", Muenschen, 1972, p306. ; 김영일, 앞의 논문 278면에서 재인용.

[**] 김영일, 앞의 논문, 282면.

의 공동체는 독자적인 법인격과 권한을 가지게 되고, 공동체 간의 관계는 상호협력의 관계라고 할 수 있다. 특히 연방주의는 보충성 원리에 기초하여 그 중점을 보다 작은 공동체에 두고 보다 작은 공동체의 자기결정성과 자기책임성을 우선적으로 강조한다.

둘째, 연방주의는 전체국가로서의 통합과 생활조건의 동질성을 달성하기 위해 공동체 상호 간의 질서와 조화를 강조한다.* 하지만 그 질서와 조화는 상위 공동체의 일방적인 명령 또는 강제에 의해 이루어지는 것이 아니다. 상위 공동체는 하위 공동체의 상호계약에 의해 성립하므로 상위 공동체의 권위는 하위 공동체에서 나오고 상위 공동체의 권한은 하위 공동체가 위임한 것에 불과하다.** 따라서 질서와 조화는 하위 공동체 상호 간의 협력에 의해 이뤄져야 한다. 이는 상위 공동체의 의사결정 과정에 하위 공동체의 대표가 참여하는 것을 보장하는 방식으로 이뤄진다. 하위 공동체 대표의 참여가 없는 상태에서 이루어진 상위 공동체의 의사결정은 정당성을 얻지 못한다. 그 경우 하위 공동체는 상위 공동체의 의사결정을 거부

---

* 이기우, 「지방분권적 국가권력구조와 연방제도」, 『공법연구』 37(1), 2008, 147면.
** 김석태, 「알투지우스의 정치사상과 지방분권형 헌법개정」, 『지방정부연구』 21(1), 2017, 323면.

할 권리가 있다.

고도로 중앙집권적인 우리나라의 통치구조에서는 연방주의적 요소를 찾아보기가 어렵다. 연방주의에 의하면 상위 공동체의 권한은 하위 공동체로부터 유래하고 하위 공동체가 위임한 것이다. 그러나 우리나라 학자들 다수는 정반대 입장을 취하고 있다. 즉, 지방자치권의 연원에 대해 자치전래권설을 받아들임으로써 지방자치단체의 권한은 그보다 상위 공동체인 국가의 통치권으로부터 유래되므로 지방자치권은 국가에 의해 부여받은 범위 안에서만 행사될 수 있다고 본다. 이러한 국가주의적 사고방식이 대부분의 사람들 머릿속을 지배하고 있는 한 연방주의에 입각한 조직 구성은 요원하다.

이에 발상을 획기적으로 전환하여 우리나라가 마을공화국의 연합구성체인 마을연방민주공화국이 되는 것을 상상해 보자! 현대국가는 크게 단일국가와 연방국가로 구분된다. 우리나라는 단일국가이고, 미국은 대표적인 연방국가다. 독일, 스위스 등도 연방국가다. 여기서 연방국가란 자치권을 가진 다수의 나라가 공통의 정치이념 아래에서 연합하여 구성하는 국가를 말한다.* 예컨대 미국은 자치권을 가진 나라들인 50개 주

---

* 『표준국어대사전』 참조.

가 미국 헌법의 이념 아래에서 연합하여 구성된 연방국가다. 그렇다면 우리도 자치권을 가진 3,500개 읍·면·동 마을공화국이 '민주공화'라는 헌법의 이념 아래 연합하여 구성되는 마을연방민주공화국 대한민국을 꿈꿀 수 있지 않을까?

2장

주민자치의 꽃, 읍·면·동 마을정부

1. 읍·면·동 마을정부의 헌법상 지위

우리나라에서 민주공화국을 제대로 실현할 수 있는 이상적인 통치 단위는 읍·면·동이라고 할 수 있다. 따라서 마을공화국은 읍·면·동 단위에서 구현되어야 한다. 2017년 12월 31일 기준으로 우리나라에는 3,500개의 읍·면·동(읍 224개, 면 1,189개, 동 2,087개)이라는 '마을'이 있다. 하지만 현행 읍·면·동은 아무런 자치권이 없다. 읍·면·동마다 주민자치위원회 내지 주민자치회가 있기는 하나 명목상의 주민자치에 불과하다. 따라서 읍·면·동 주민에게 자기입법권과 자기통제권을 부여해야 한다. 그래서 읍·면·동 주민 스스로 법인격과 자치권을 갖는 마을정부를 수립할 수 있도록 해야 한다. 그래야 무늬만 주민자치가 아닌 명실상부한 주민자치가 실현되며 우리나라가 제대로 된 민주공화국이 될 수 있다.

이때 주민 스스로 수립하는 읍·면·동 마을정부를 헌법에서 규정하고 있는 지방자치단체로 할 것이냐 아니면 헌법상 지방자치단체와는 별개의 특수한 공법인으로 할 것이냐는 논의의 여지가 있다. 헌법 제118조 제1항은 "지방자치단체에 의회를 둔다"고 하고, 같은 조 제2항은 "지방의회의 조직·권한·의원선거와 지방자치단체의 장의 선임방법 기타 지방자치단체의 조직과 운영에 관한 사항은 법률로 정한다"라고 규정하고 있다. 따라서 읍·면·동 마을정부를 헌법상의 지방자치단체로 규정하는 경우 의회를 반드시 둬야 하고 의원은 선거로 선출해야 한다. 그 경우 마을정부의 기관으로 읍·면·동 의회 대신 읍·면·동 주민총회를 둘 수가 없고 읍·면·동 의회를 두는 경우에도 추첨으로 의원을 선발할 수가 없다. 그만큼 읍·면·동 주민의 주민자치권을 제약하게 되는 것이다. 따라서 읍·면·동 마을정부에게 법인격과 자치권을 인정하더라도 헌법상 지방자치단체와는 별개의 특수한 지위를 가진 공법인으로 구성하는 것이 바람직하다.

2. 읍·면·동 마을정부의 기관 유형

읍·면·동 마을정부를 법인격과 자치권을 갖는 공법인으로 규정하는 경우 그 기관을 어떻게 구성할 것인지가 문제된다. 상상력을 동원해 추측해 보면 다음과 같이 구성할 수 있을 것이다.

마을정부의 기관은 크게 집행기관과 의결기관으로 구분할수 있는데, 집행기관의 유형으로는 ① 읍·면·동장형과 ② 읍·면·동위원회형을 들 수 있다. 읍·면·동장형의 경우 읍·면·동장은 주민 직선을 원칙으로 한다. 읍·면·동위원회형의 경우 읍·면·동위원은 추첨선발을 원칙으로, 위원장은 주민 직선 또는위원회 호선으로 한다. 의결기관의 유형으로는 ① 읍·면·동의회형과 ② 읍·면·동총회형, ③ 혼합형(읍·면·동의회 + 읍·면·동총회)을 들 수 있다. 읍·면·동의원은 추첨선발을 원칙으로 하고,읍·면·동총회에는 선거권 있는 주민이 모두 참여할 수 있는 것으로 한다.

이에 비춰보면 마을정부의 유형은 다음과 같이 크게 세 가지로 구분할 수 있다.

○ 1형 : 읍·면·동위원회와 읍·면·동총회를 두는 형이다. 인구가 적은 읍·면·동에 적합한 형태이다.

○ 2형 : 읍·면·동장과 읍·면·동의회를 두는 형이다. 인구가 많은 읍·면·동에 적합한 형태다. 2형은 다시 기관분립형과 기관통합형으로 나눌 수 있다. 기관분립형은 읍·면·동장과 읍·면·동의회가 분립된 형태로 존재한다. 대통령제를 생각하면 된다. 기관통합형은 읍·면·동장이 읍·면·동의회 의장을 겸임한다. 의원내각제를 생각하면 된다.

○ 3형 : 읍·면·동장, 읍·면·동의회, 읍·면·동총회 셋 다 두는 형이다. 3형도 읍·면·동장과 읍·면·동의회의 관계를 두고 기관분립형과 기관통합형으로 나눌 수 있다.

세 가지 유형을 세분하면 이렇게 다섯 가지 유형이 나온다.

○ 1형 : 읍·면·동위원회 + 읍·면·동총회

○ 2-1형 : 읍·면·동장 + 읍·면·동의회 (기관분립형)

○ 2-2형 : 읍·면·동장 + 읍·면·동의회 (기관통합형)

○ 3-1형 : 읍·면·동장 + 읍·면·동의회 + 읍·면·동총회
      (기관분립형)

○ 3-2형 : 읍·면·동장 + 읍·면·동의회 + 읍·면·동총회
      (기관통합형)

이 다섯 가지 유형 중 어느 유형을 채택할 것인지는 해당 읍

·면·동 주민이 스스로 결정하도록 하는 것이 바람직하다. 즉 해당 읍·면·동 주민이 주민투표 등의 방법을 통해 다섯 가지 유형 중 하나를 선택하는 것으로 하면 될 것이다.

3. 미국의 타운정부 사례

미국의 경우 지방자치는 전적으로 주정부의 소관사항이다. 미국 수정헌법 제10조는 "연방헌법에 의해 연방정부에 위임되지 아니하였거나 주에 대해 금지되지 아니한 권한은 주 또는 인민에게 유보된다"라고 규정하고 있는데, 연방헌법은 지방자치에 관한 규정을 두고 있지 않다. 따라서 연방정부는 지방자치에 관한 아무런 권한이 없고 주정부가 전적으로 규율하므로 주마다 지방자치제도가 다르고 타운정부 역시 주마다 각양각색이다. 여기서는 타운정부의 이론적 기초를 이루는 제퍼슨의 작은 공화국 이론을 설명하고, 뉴잉글랜드 지역의 매사추세츠 주를 중심으로 타운정부의 제도를 소개한 다음 구체적 사례로 롱메도우 타운정부에 대해 약술하고자 한다.

1) 제퍼슨의 작은 공화국 이론

미국 지방자치의 꽃은 타운정부다. 타운정부에 대한 이론적 기초를 제공한 사람은 독립선언문을 기초한 토머스 제퍼슨이다. 제퍼슨은 미국이 고도의 자치권을 갖는 작은 공화국들의 연합체가 되기를 희망했다. 그는 미국의 정부 구조를 연방-주-카운티-워드의 4계층제로 제시하고 그 중에서 가장 작은 정부 단위인 워드를 민주주의의 기초로 보았다. 워드란 카운티를 약 15제곱킬로미터 내외의 면적으로 분할한 작은 단위의 농촌지역으로, 워드 주민들은 워드 내에서의 구빈, 도로 관리, 치안 유지, 민병대 운영, 교육 등의 사안에 대해 전적인 자치권을 가지고 처리할 수 있는 작은 공화국이었다. 제퍼슨이 구상한 작은 공화국이 실제로 구현되는 공간이 바로 미국의 타운이었다. 19세기 초 타운의 인구는 대체로 수천 명 남짓으로 주민들이 서로 얼굴을 알아볼 수 있을 정도로 작았는데 타운 각각이 고도의 자치권을 누려 마치 작은 공화국이나 다름없었다.

2) 매사추세츠 주의 타운정부

매사추세츠 주The Commonwealth of Massachusetts는 미국 북동부 뉴잉글랜드 지방에 있는 주이다. 주도는 보스턴이다. 필그림 일

행을 비롯한 영국의 청교도들이 정착을 시작한 곳으로 청교도 정신문화가 지금까지 뿌리 깊게 박혀 있는 곳이다.

2010년 기준으로 매사추세츠 주에는 312개의 타운과 39개의 시티가 있다. 매사추세츠 주에서 가장 오래된 타운은 1620년에 설립된 플리머스 타운이고, 가장 오래된 시티는 1820년에 타운에서 시티로 변경된 보스턴 시티이다. 타운은 주로 주민총회를 중심으로 하는 직접민주제 정부형태를 채택하는 반면, 시티는 시장과 의회를 두는 등 대의제 정부형태를 택하고 있다. 매사추세츠 주 법률은 최근의 연방인구조사를 기준으로 15,000명 이상의 주민이 거주하는 곳을 시티로 규정하고 있다(제1편 제7장 제43조 제128항). 한편, 주민 인구 12,000명 미만의 타운은 시티 형태의 정부를 채택할 수 없다(주 헌법 제LXXXIX장 제2조 제2항). 인구가 12,000명 이상이 되면 시티로 명칭을 바꿀 수 있고 정부형태도 바꿀 수 있는데, 타운에서 시티로 명칭을 변경할 때 인구 규모가 결정적 기준은 아니다. 인구가 15,000명을 넘는 타운도 적지 않다. 예컨대 프레이밍햄 타운은 인구가 2010년 기준으로 68,318명에 달하고 대의제 정부형태를 채택하고 있지만 시티가 아니라 타운이라는 명칭을 고수하고 있다.

① 타운정부의 형태

짐머만의 1999년 조사에 의하면 매사추세츠 주의 312개의 타운 중 262개 타운이 주민총회형 정부형태Open Town Meeting: OTM를 채택하고 있다. 이 점만 보더라도 주민총회형 정부형태가 타운의 압도적인 정부형태라는 것을 알 수 있다. 한편, 42개 타운은 대표제 주민총회형 정부형태Representative Town Meeting: RTM를 두고 있다. 대표제 주민총회란 유권자들이 직접 주민총회에 참석하여 의결하는 것이 아니라 비교적 많은 수의 선출된 대표들에게 의결권을 위임하여 그 대표들이 주민총회에서 의결하도록 하는 제도를 말한다. 주민 인구가 6,000명 미만의 타운은 대표제 주민총회형 정부를 채택할 수 없다(주 헌법 제 LXXXIX장 제2조 제2항). 따라서 대표제 주민총회형 타운정부를 채택한 타운은 인구가 6,000명 이상이라고 보면 된다. 나머지 타운들의 경우는 대의제 정부형태라 할 수 있는 타운지배인–의회형town manager-council 또는 시장–의회형mayor-council을 각각 채택하고 있다.

② 타운정부의 법원

법원法源이란 법이 생겨나는 근거 또는 법을 인식하는 근거를 말한다. 매사추세츠 주에서 타운정부의 법원으로는 주 헌법, 주 법률, 자치헌장, 타운조례를 들 수 있다.

• 주 헌법

매사추세츠 주 헌법은 1779년 매사추세츠 헌법 회의의 구
성원인 존 아담스가 기초하여 1780년 10월 25일에 제정된 헌
법으로, 1787년 제정된 미국 헌법의 모델로 사용된 것으로 유
명하다. 제정 이후 지금까지 120차에 걸쳐 헌법 개정이 이뤄졌
고 가장 최근의 개헌은 2000년에 이뤄졌다. 타운정부와 관련
된 규정으로는 주 헌법 LXXXVIII장과 LXXXIX장에 근거하여
규정된 제2조 제1항 내지 제9항을 들 수 있다. 즉, 주 헌법은
시티 및 타운의 고유 사무에 대한 자치권을 명시하고 있고(주
헌법 제LXXXIX장 제2조 제1항), 시티 및 타운에게 자치헌장의 제
정 또는 개정에 관한 권한을 부여하고 있고, 그 절차에 대해서
도 개괄적으로 규정하고 있다(동조 제2항 내지 제9항).

• 주 법률

매사추세츠 주 법률은 제1편 제7장 제39조부터 제49A조까
지 지방정부의 업무에 관해 규정하고 있다. 그 외에도 선거, 조
세, 교육 등에 관한 규정을 두고 있다.

• 자치헌장

매사추세츠 주는 1965년 주 헌법에 자치헌장home rule을 도입
했다. 이에 근거하여 주 법률은 제1편 제7장 제43B조 제1항부
터 제20항까지 「자치헌장절차법」Home Rule Procedure Act에 관해
규정하고 있다. 이제 타운을 중심으로 자치헌장의 제정 및 개
정 절차에 대해 살펴본다.

모든 타운은 「자치헌장절차법」에 규정한 절차에 따라 자치
헌장을 제정하거나 개정할 권한을 가진다(동법 제2항). 타운 주
민은 타운의 등록유권자 15% 이상의 서명을 받아 자치헌장의
제정 또는 개정을 해당 타운의 유권자등록위원회board of registers
of voters에 청구할 수 있다. 청구를 접수한 유권자등록위원회는
청구 요건을 심사해 유효하다고 인정되면 접수 후 10일 이내
에 해당 타운의 집행위원회board of selectmen에 보고한다(동법 제
3항). 집행위원회는 유권자등록위원회의 보고 후 30일 이내
에 자치헌장 청구안에 대한 질문 사항 및 자치헌장 위원 선거
에 관한 사항을 명령으로 채택하고, 명령이 채택된 날로부터
60일 또는 그 이후 첫번째 개최되는 공직선거 실시를 위한 정
례 주민총회에서 자치헌장 청구안에 관한 투표 및 자치헌장위
원 선거(이하 '투표 및 선거'라 한다)를 실시한다. 만약 집행위원
회가 30일 이내에 위 명령을 하지 않으면 유권자등록위원회의

보고 후 90일 이내 또는 다음 정례 주민총회 때 실시되는 공직 선거에서 투표 및 선거를 실시한다(동법 제4항).

　자치헌장위원 후보가 되기 위해서는 타운의 등록유권자이 어야 하고(동법 제6항), 등록유권자 일정 수 이상의 추천이 필요 하다. 즉 인구 10만 명 이상인 지역에서는 200명의 서명, 인구 5만 명 이상 10만 명 미만인 지역에서는 100명, 인구 1만 2천 명 이상 5만 명 미만인 지역에서는 50명, 인구 6천 명 이상 1만 2천 명 미만인 지역에서는 25명, 인구 6천 명 미만 지역에서 는 10명의 추천 서명이 있어야 한다. 자치헌장위원 후보는 투 표 및 선거일 전 35일까지 타운 서기town clerk에게 추천되어야 한다(동법 제5항). 자치헌장위원의 선거는 대선거구제로 실시 하며, 후보들 중에서 득표순으로 9명을 선출한다(동법 제6항). 타운 서기는 투표 및 선거일로부터 10일 내에 자치헌장위원회 첫 회의를 소집해야 하고, 첫 회의에서는 의장, 부의장, 총무를 선출하고, 그 결과를 타운 서기에게 통지한다. 자치헌장위원 회는 자치헌장안 채택 여부에 관한 주민투표가 실시되는 경우 그 실시 후 30일까지 존속하거나, 자치헌장안의 채택을 권고 하지 않는 최종보고서를 제출하는 경우에는 그 제출 후 30일 까지 존속한다. 자치헌장위원에게는 보수를 지급하지 않으나, 합법적인 실비지출비용은 보전된다(동법 제7항).

자치헌장위원회는 투표 및 선거일로부터 45일 이내에 공청회를 개최하고, 16개월 이내에 자치헌장안에 관한 예비보고서를 작성·발간한다. 예비보고서는 타운 소재 신문에 게재하고, 유권자의 요구가 있을 경우 배포할 수 있도록 타운 서기에게 충분한 부수의 예비보고서를 제출하며, 주 법무장관 및 주택 및 지역개발 장관에게도 각 2부씩 예비보고서를 제출한다. 자치헌장위원회는 예비보고서 발간 후 4주 이내에 예비보고서에 관한 공청회를 개최한다. 법무장관은 예비보고서 접수 후 4주 이내에 자치헌장안과 주 헌법 및 법률 상호 간의 충돌 여부를 심사하고, 필요한 경우 자치헌장위원회와 주택 및 지역개발 장관에게 그 결과를 통보한다.

투표 및 선거일로부터 18개월 내에 자치헌장위원회는 최종보고서를 집행위원회에 제출해야 하며, 이때 자치헌장안의 전문과 그에 대한 해설 문서를 함께 제출한다(동법 제9항). 최종보고서를 접수한 집행위원회는 그로부터 2개월 이후에 공직자선거를 위해 개최되는 주민총회에 자치헌장안을 안건으로 제출해야 한다. 다만, 최종보고서가 자치헌장의 채택을 권고하지 아니하는 경우에는 그러하지 아니하다. 자치헌장안의 채택을 위한 안건은 주민투표에 부쳐지는데, 이때 집행위원회는 투표가 실시되기 35일 전까지 자치헌장의 요지를 적시해 찬반 여부를 묻는 질문지를 타운 서기에게 제출해야 한다. 타운 서기는 투표일 2주 전에 등록유권자에게 질문지를 송부해야 한다. 자치헌장의 채택에는 유권자의 과반수 찬성을 요하며, 채택된 자치헌장은 그 자치헌장에서 지정된 날로부터 효력을 발생한다(동법 제11항).

- 타운조례

주 법률은 제1편 제7장 제40조 제21항에서 "타운은 법률에 저촉되지 않는 범위에서 주민의 복지에 기여하는 조례를 제정할 수 있고, 그 조례는 타운 내의 모든 주민에게 적용된다"라고 규정하여 타운에 자치입법권을 부여하고, 나아가 타운 사무의 처리와 관련한 자치입법 사항과 벌칙 등을 열거하고 있다. 따라서 타운정부는 주 법률에 저촉되지 않는 범위에서 타운조례를 제정 및 개폐할 수 있다.

3) 롱메도우 타운정부

롱메도우 타운Longmeadow Town은 미국 매사추세츠 주의 햄던 카운티에 속한 타운으로 스프링필드 시티와 코네티컷 주 경계 사이에 위치하고 있는 아름다운 전원마을이다. 롱메도우 타운의 인구는 2010년 기준으로 15,784명으로 우리나라의 읍·면

·동 평균 수준이다. 롱메도우 타운은 2004년 3월 9일 「롱메도우 타운 자치헌장」Town of Longmeadow Home Rule Charter(이하 '타운헌장'이라 한다)을 제정했고, 2007년 6월 28일 제1차 개정을 하여 오늘에 이르고 있는데, 정부형태로는 직접민주주의 형태인 주민총회형을 취하고 있다. 이하 롱메도우 타운정부에 대해 간략하게 살펴보기로 한다.*

① 타운헌장

타운헌장은 전문과 9개 조로 구성되어 있는데, 전문에서 타운헌장의 제정 목적을 "롱메도우 타운의 시민인 우리는, 책임있고, 효율적이며, 통합적이고, 감응하는 방식으로 타운 서비스를 타운의 거주민에게 제공하고, 타운의 자산과 자원을 끊임없이 향상시키는 통치구조를 창설하기 위해 이 헌장을 채택한다"라고 밝히고 있다. 제1조 제1항에서는 "법으로 설정된 구역 내에서, 롱메도우 타운의 거주민은 롱메도우 타운의 이름으로 법인 및 정치공동체를 이룬다"고 하여 롱메도우 타운의 법인격을 인정하고 있고, 제1조 제4항에서는 "이 헌장을 채택한 롱메도우 타운의 유권자의 의도와 목적은 매사추세츠 주

* 김영기, 『뉴잉글랜드 타운정부론』, 대영문화사, 2014, 194~241면 참조.

헌법과 주 법률이 보장하는 모든 가능한 권한을 이후에 구체적·개별적으로 열거된 각 권한과 함께 전적으로, 완전하게 타운에게 보장하는 것에 있다"고 하여 타운 사무에 대해 전권한성에 입각한 자치권을 인정하고 있다. 제1조 제3항에서는 입법권과 집행권을 분리하여 타운의 입법권은 주민총회에, 타운의 집행권은 집행위원회 등 행정부에 각각 부여하고 있다. 제2조에서는 주민총회를, 제3조에서는 선거제 공직을, 제4조에서는 임명제 공직을, 제5조에서는 타운 매니저를, 제6조에서는 행정조직을, 제7조에서는 재정을, 제8조에서는 총칙을, 제9조에서는 경과규정을 각각 규정하고 있다. 여기서는 주민총회와 집행기관에 대해서만 간략히 소개한다.

② 타운 주민총회

주민총회는 타운의 유권자로 등록된 주민이 모두 참여하여 타운정부의 의사를 결정하는 최고의결기관이다. 타운의 입법권은 주민총회에 속한다(타운헌장 제1조 제3항 전문). 타운의 의결권은 타운에 등록된 유권자가 출석하는 주민총회에서 행사한다(타운헌장 제2조 제1항). 타운헌장 개폐에 관한 의결권도 마찬가지다(타운헌장 제2조 제3항). 법률이나 타운헌장에서 따로 규정된 경우를 제외하고는 타운의 모든 권한은 주민총회에 귀속된다. 주민총회는 타운의 모든 권한 행사의 근원이며 타운에 부과된 모든 책무를 다하는 근원이 된다(타운헌장 제2조 제6항).

주민총회의 회의는 의장이 주재한다. 의장은 회의 절차를 규율하고, 의안을 결정하며, 투표 결과를 공포하고, 주 헌법 및 주 법률, 타운헌장, 타운조례 또는 주민총회의 결의로 의장에게 부여되는 권한 및 책무를 수행한다(타운헌장 제2조 제2항).

③ 타운의 집행기관

집행기관은 선출직으로 구성하는 집행위원회, 교육위원회, 주택위원회, 기획위원회와, 집행위원회가 임명하는 타운 매니저를 비롯한 공직자와 부서로 구성된다. 이 중 대표적인 집행기관으로는 집행위원회와 타운 매니저를 들 수 있다. 집행위원회는 타운정부의 가장 핵심적인 집행기관으로 임기 3년으로 하는 5명의 선출직 집행위원으로 구성된다(타운헌장 제3조 제2항 a호). 집행위원회는 타운의 정책을 결정하고, 타운의 공식적인 모든 활동을 기록하며, 장기적인 운영계획 등을 기획하고, 타운 매니저 등 공직자를 임면·감독하며, 예산 집행의 적합성 여부를 점검하고, 타운 내의 각종 사업에 대한 인·허가를 하는 등 타운의 집행권을 행사한다(타운헌장 제3조 제2항 b호).

타운 매니저는 행정부서의 수장으로 집행위원회에서 집행위원 4명 이상 찬성을 얻어 임명된다(타운헌장 제5조 제1항). 타운 매니저는 전일제 근무를 하는 상근직으로 타운의 모든 행정업무를 수행하고, 일정한 공직자를 임면·감독하고 집행위원회에 대해 책임을 진다(타운헌장 제5조 제2항).

4. '제주형 읍면동자치안' 사례

전국 최초로 주민자치위원 추첨선발제를 도입한 제주에서는 2018년 마을공화국을 향한 중요한 시도가 있었다. '제주형 읍면동자치안' 마련이 바로 그것이다. '제주형 읍면동자치안'이란 제주특별자치도주민자치위원회협의회(이하 '도협의회'라고 한다) 소속 주민자치제도개선 TF팀이 지난 7월 작성한 「주민자치 제도개선 보고서」에서 제안한 안을 말한다. 그 요지는 제주지역 43개 읍·면·동마다 주민 손으로 읍·면·동 마을헌법을 만들고 읍·면·동 마을정부를 세울 수 있도록 하자는 것인데 그 경위와 내용 등을 살펴보면 다음과 같다.

1) TF팀의 출범과 활동

제주지역에는 2개 행정시, 43개 읍·면·동이 있고, 읍·면·동마다 주민자치위원회가 구성되어 있다. 주민자치위원회는 시와 도 단위로 협의회를 두고 있다.

시 단위로는 제주시 소속 26개 주민자치위원회를 구성원으로 하는 제주시주민자치위원회협의회(이하 '제주시협의회'라고 한다)와 서귀포시 소속 17개 주민자치위원회를 구성원으로 하는 서귀포주민자치위원회협의회(이하 '서귀포시협의회'라고 한다)가 있고, 도 단위로는 43개 읍·면·동 주민자치위원회 모두를 구성원으로 하는 도협의회가 있다.

평소 제주지역 주민자치위원들 사이에서는 무늬만 자치인 현행 주민자치제도에 대해 여러 차례 문제 제기가 있었고, 그 과정에서 자연스럽게 제도개선 필요성에 대한 공감대가 형성되어 있었다.

2018년 2월 6일 서귀포시협의회 정례회의가 열렸는데 그때도 약방의 감초처럼 주민자치제도를 개선해야 한다는 말이 나왔다. 그러자 현봉식 동홍동 주민자치위원장이 우리가 막연하게 제도를 개선해야 한다는 말만 할 것이 아니라 자체적으로 구체적인 제도개선안을 마련하자고 하며 이를 위한 TF팀을 꾸릴 것을 제안했다. 참석자 모두 현봉식 위원장의 제안에 공감했고 만장일치로 도협의회에 TF팀 구성을 건의하기로 의결했다.

2018년 3월 26일 도협의회 임원회의가 열려 서귀포시협의회의 TF팀 구성 건의를 도협의회 정례회의 안건으로 상정하기로 결정했고, 이어 4월 9일 열린 도협의회 정례회의에서는 '주민자치제도개선 TF팀'(이하 'TF팀'이라 한다) 구성을 결의하고, TF팀 위원으로는 제주시 지역 읍·면·동 주민자치위원장 5명, 서귀포시 지역 읍·면·동 주민자치위원장 5명, 그리고 외부 법률전문가 2명, 모두 12명을 두기로 했다.

이에 제주시 지역 몫으로는 고영찬 한경면 위원장, 고창근 건입동 위원장, 김기성 용담1동 위원장(제주시협의회 회장), 이상민 이도1동 위원장, 한재림 일도2동 위원장이 선정되었고, 서귀포시 지역 몫으로는 고방협 서홍동 위원장, 김삼일 중앙동 위원장(도협의회 회장), 현봉식 동홍동 위원장, 현승태 예래동 위원장, 홍동표 대천동 위원장이 선정되었다. 외부 법률전문가로는 허용진 변호사와 내가 추천되었다.

4월 26일 TF팀 첫 회의가 열렸다. 논의 과정에서 허용진 변호사는 주민자치를 제대로 하려면 「제주특별법」을 바꿔야 한다고 주장했고, 그 주장에 위원들 모두 공감하자 내가 「제주특별법」 개정 관련 초안을 작성해 다음 회의 때 보고·논의하기로 했다.

TF팀 회의는 그 후 5월 10일, 6월 14일, 7월 9일 등 모두 네 차례에 걸쳐 열렸고, 7월 9일 제4차 회의에서 주민자치제도 개선을 위한 「제주특별법」과 자치조례의 각 개정을 제안하는 「주민자치 제도개선 보고서」(이하 '보고서'라고 한다)를 확정하고, 이를 도협의회 정례회의에 보고하여 공식 추인을 얻기로 했다.

7월 26일 도협의회 정례회의에서는 보고서를 만장일치 박수로 원안 그대로 의결했다. 이로써 보고서는 도협의회의 공식 입장이 되었다. 한편, 도협의회는 그날 이철준 연동 주민자치위원장을 TF팀 위원으로 추가 선정했다.

2) '제주형 읍면동자치안'의 내용

보고서 중 「제주특별법」 개정 제안 부분(이하 '제주형 읍면동자치안'이라 한다)은 읍·면·동 주민에게 주민자치조직을 직접 선택·결정할 수 있는 자치조직권을 부여하는 획기적인 내용을 담고 있다는 점이 특징이다. 그 내용은 다음과 같다.

① 「제주특별법」 개정 추진

정부는 현재 시범실시 중인 모델의 성과분석, 통합형·주민조직형 모델의 장·단점 분석 등을 통해 우리나라 실정에 맞는 최적의 주민자치회 도입방안을 확정하고, 가칭 「주민자치회 설치 및 운영에 관한 법률」(이하 '주민자치법'이라 한다)이라는 별도의 법률 제정을 통해 이를 법제화할 예정이다. 이에 선도적으로 제주특별자치도에서 풀뿌리자치의 활성화와 민주적 참여의식 고양 및 맞춤형 주민자치 고도화를 위하여 읍·면·동 주민에게 협력형 모델, 통합형 모델, 주민조직형 모델 등 자율적인 주민자치모델을 스스로 선택·결정할 수 있도록 하는 자치조직권을 부여하는 방향으로 「제주특별법」 개정을 추진한다.

개정 「제주특별법」에는 다음과 같은 내용이 규정되어야 한다.

(1) 읍·면·동 주민자치위원회 또는 일정 수 이상의 읍·면·동 주민이 「해당 읍·면·동 주민자치모델(마을정부)을 규정한 조례안」(이하 '자치조례안'이라 한다)을 마련하여 도지사에게 주민투표를 청구한다.

(2) 도지사는 주민투표 청구가 법적인 결격사유가 없는 한 해당 읍·면·동 주민을 대상으로 자치조례안에 대한 주민투표를 실시한다.

(3) 자치조례안이 주민투표에서 가결되면 도지사는 그 자치조례안을 도의회에 발의한다.

(4) 도의회는 특별한 사정이 없는 한 발의된 자치조례안을

그대로 의결한다.

(5) 자치조례안이 없는 읍·면·동의 주민자치는 도의회에서 통상의 절차에 따라 만든 조례에 따른다.

이와 같은 절차를 거쳐 자치조례가 제정되면 읍·면·동 자치를 원하는 주민은 자치조례에 근거하여 해당 읍·면·동에 주민자치모델을 수립·운영한다. 한편, 읍·면·동 자치를 원하지 않는 읍·면·동의 경우는 도의회에서 통상의 절차에 따라 만든 조례에 의해 주민자치를 하면 된다.

② 개정을 요하는 관련 규정

• 주민자치모델 권한 근거 마련

현행 「지방분권법」은 주민자치회가 설치되는 경우 관계 법령, 조례 또는 규칙으로 정하는 바에 따라 지방자치단체 사무의 일부를 주민자치회에 위임 또는 위탁할 수 있도록 하고 있다. 마찬가지로 「제주특별법」에도 제주특별자치도 사무의 일부를 자치조례에 의해 채택된 주민자치모델에게 위임 또는 위탁할 수 있는 근거 규정을 마련할 필요가 있다.

• 자치특례 확대

「제주특별법」 제44조는 자치조직권에 관한 특례를 규정하고 있으나 「지방자치법」 제117조 내지 제119조(읍·면·동에 관한 규정)를 특례에서 제외시키고 있어 현재 읍·면·동에 대한 자치조직권은 배제되어 있는 상태이다. 따라서 주민자치 모델의 구성 및 운영에 관한 자치조직권을 실질적으로 확보하기 위해서는 「지방자치법」 제117조 내지 제119조도 자치 조직권 특례에 포함시키는 방향으로 개정되어야 한다.

• 「제주특별법」 제45조 규정의 대폭 변경

현행 「제주특별법」 제45조(주민자치센터의 설치·운영 등) 규정의 대폭 변경이 필요하다. 즉,

(1) 주민자치모델에게 권리능력 없는 사단의 지위 또는 법인격을 인정한다. 이와 관련 주민자치회로의 명칭 변경도 검토할 필요가 있다.

(2) 자치조례에 의해 채택되는 주민자치모델의 조직·권한 등에 대한 가이드라인을 규정한다. 가이드라인은 자치조 직권·자치입법권·자치행정권·자치재정권 등 주민자치권이 최대한 보장되는 방향으로 규정되어야 한다.

• 기타

「제주특별법」 기타 관련 규정 개정도 검토한다.

③ 추진 방법

'제주형 읍면동자치안'을 「제주특별법」 7단계 제도개선에

반영하여 정부 입법으로 추진한다면 상당한 시일이 걸릴 것으로 예상되므로 의원 입법을 통해 「제주특별법」 개정을 추진한다.

④ 기대 효과

현행 주민자치제도는 권한이 미약하다는 점은 별론으로 하더라도 읍·면·동의 특성이나 차이를 반영하지 못한 채 붕어빵 찍듯이 일률적으로 시행되고 있다는 폐단이 있다. 예컨대, 제주 본토와 멀리 떨어져 있고 인구가 1,825명(2018. 5. 31. 기준)인 추자면과 제주 시내권이며 인구 53,472명(2018. 5. 31. 기준)인 노형동의 주민자치 여건은 매우 다를 수밖에 없다. 그러나 현행 제도로는 그러한 다름을 반영할 수가 없다. 반면, '제주형 읍면동자치안'에 의하면 읍·면·동마다 저마다의 특성과 자치역량에 맞는 주민자치모델을 결정·실시할 수 있게 되어 차별적이고 다양한 형태의 주민자치를 꽃피울 수 있다는 강점이 있다.

한편, '제주형 읍면동자치안'대로 「제주특별법」이 개정된다고 하더라도 제주지역 43개 읍·면·동 모두가 동시에 풀뿌리 민주주의를 구현하는 주민자치모델을 갖게 되는 것은 아니다. '제주형 읍면동자치안'은 읍·면·동 주민이 원하는 경우 스스로 합법적인 방법을 통해 주민자치모델을 만들 수 있는 길을 제시하고 있을 뿐이다. 만약 읍·면·동 주민이 원하지 않는다면 별도의 자치조례안을 만들지 않고 현행 조례대로 주민자치를 할 수도 있다.

결국, '제주형 읍면동자치안'대로 「제주특별법」이 개정될 경우 제주지역 43개 읍·면·동마다 해당 주민이 맞춤형 주민자치모델을 결정·시행할 수 있게 되어 지역 특성에 맞는 발전이 이루어질 수 있고 풀뿌리민주주의의 실현에 크게 기여할 수 있을 뿐 아니라, 제주가 대한민국의 주민자치 선도지역으로 우뚝 서게 될 것이다.

3) 관련 기관의 반응

도협의회의 보고서 공식 추인 이후 TF팀은 「제주특별법」 개정을 위해 오영훈 국회의원(제주시 갑), 강성균 제주특별자치도의회 행정자치위원회 위원장, 원희룡 제주특별자치도지사를 차례로 만났다.

2018년 8월 7일 여의도 의원회관에서 오영훈 국회의원과 만났는데 오 의원은 이렇게 말했다. "협의회 안에 공감하며 찬성합니다. 다만 원희룡 지사의 동의가 필요합니다. 지사의 동의가 없으면 진행할 수 없습니다. 지사가 동의하면 법제실에 의뢰해 법률안 성안작업을 시작하겠습니다. 아울러 협의회가 기초자치 도입 논의도 함께 진행하기를 바랍니다."

8월 29일에는 제주도의회 의원회관에서 강성균 위원장과 만났는데 강 위원장은 이렇게 말했다. "주권재민의 대의에 공감합니다. 도의회도 관심을 갖고 검토하겠습니다."

같은 날 제주도지사 집무실에서 원희룡 지사와 만났는데 원 지사는 이렇게 말했다. "실무부서에게 검토를 지시하겠습니다. 검토 결과 문제가 없으면 추진 의지가 있습니다."

한편, TF팀은 8월 30일 제주에서 열린 세종-제주 자치분권·균형발전 특별위원회 합동워크숍 때 자치분권위원회에 '제주형 읍면동자치안'을 건의했는데 자치분권위원회는 10월 1일 다음과 같이 회신했다.

ㅇ 위의 제안 사항과 같이 자율적인 주민자치모델을 스스로 선택·결정하는 사항은 우리 위원회에서 금번에 확정한 자치분권종합계획상 '제주·세종형 자치분권 모델 구현 과제'에 부합하고 있다 할 것임.

ㅇ 그러나 통합형과 주민조직형 모델은 현행법에 배치되는 부분이 있기 때문에 당장 실시하는 것은 문제가 있다고 사료되므로 이에 따른 예외 특별규정과 지역실정에 맞춘 주민자치

(위원)회 설치 운영 규정을 「제주특별법」에 반영 개정한다면 문제가 없을 것으로 사료됨.

○ 이와 관련 시행(추진) 여부는 제주특별자치도 및 도의회와 도민들이 자율적으로 선택할 문제이며, 도민과 도 및 도의회의 결정에 따라 「제주특별법」 개정 추진 여부를 판단해야 할 것으로 사료됨.

○ 제주특별자치도에서는 이와 관련하여 실행 가능 여부 등 면밀한 검토·분석 후 제주 실정에 적합한 안이 실행될 수 있도록 종합·검토하겠다는 의견임.

○ 자치분권위원회는 제주특별자치도(도의회)와 도민의 선택을 간섭할 수 있는 사항이 아니며, 주민자치모델의 자기결정권에 대한 선택을 존중하는 입장임.

4) 「제주형 읍면동자치를 위한 제주특별법 개정안 초안」 마련

마을공화국제주특별위원회는 2018년 12월 초순경 '제주형 읍면동자치안'을 실현하기 위해 「제주형 읍면동자치를 위한 제주특별법 개정안 초안」(이하 '초안'이라 한다)을 다음과 같이 마련했다.

제45조(주민자치회의 설치·운영 등)

① 풀뿌리자치의 활성화와 직접민주주의 강화를 위하여 읍·면·동에 해당 행정구역의 주민으로 구성되는 주민자치회를 둘 수 있다.

② 주민자치회는 법인으로 한다.

③ 주민자치회는 주민대표성을 반영할 수 있도록 구성되어야 하고, 주민자치회에는 대표자로서 주민자치회장을 둔다.

④ 주민자치회는 다음 각 호의 업무를 수행한다.

　1. 주민의 복리에 관한 사항

　2. 주민자치의 강화에 관한 사항

　3. 지역공동체의 형성에 관한 사항

　4. 도지사가 위탁하는 사무의 처리에 관한 사항

　5. 그 밖에 관계 법령 또는 도조례로 위탁한 사항

⑤ 국가나 도지사는 주민자치회의 설치 및 운영, 사무 수행 등에 필요한 행정적·재정적 지원을 할 수 있다.

⑥ 도지사는 주민자치의 확대 및 효율적인 행정운영을 위하여 다음 각 호에 대하여 운영경비의 일부를 지원할 수 있다.

　1. 「지방자치법」 제4조의2제4항에 따른 행정리

　2. 「지방자치법」 제4조의2제5항에 따른 행정동의 하부 조직

⑦ 그 밖에 주민자치회의 구성·운영 및 제6항의 운영경비 지원 등에 필요한 사항은 도조례로 정한다.

제45조의 2(마을정부의 설치)[*]

① 주민은 도조례에서 정하는 바에 따라 마을정부의 설치 여부, 구성 방식 등을 해당 읍·면·동의 주민투표로 정할 수 있다. 주민투표의 대상·발의자·발의요건, 그 밖에 투표절차 등에 관한 사항은 도조례로 정한다.

② 도의회는 특별한 사정이 없는 한 제1항에 따른 주민투표 결과 확정된 내용대로 도조례를 제정하여야 한다.

③ 마을정부는 법인으로 하고, 이 법에서 정하는 범위에서 특수한 지위를 갖는다.

④ 제1항 및 제2항에 따라 마을정부가 설치되는 경우 해당 읍·면·동의 주민자치회는 해산하고, 마을정부가 그 권리와 의무를 승계한다.

⑤ 마을정부는 도조례에 따라 관할 읍·면·동에 배분되는 사무를 처리한다.

⑥ 제5항의 경우에는 주민의 복리와 밀접한 관련이 있는 사무는 원칙적으로 읍·면·동에 배분하여야 한다.

⑦ 마을정부의 장은 주민이 보통·평등·직접·비밀선거에 따라

---

* 덧붙여 「공직선거법」, 「정치자금법」, 「주민소환법」, 「지방자치법」 등 준용 조항을 마련할 필요가 있다.

136

선출할 수 있다.

⑧ 마을정부는 그 사무에 관하여 법령과 도조례에 저촉되지 아니하는 범위 안에서 규정을 제정할 수 있다.

⑨ 마을정부는 그 사무 수행 등을 위해 도조례를 제정하거나 개정하거나 폐지할 것을 청구할 수 있다.

⑩ 마을정부는 그 사무 수행 등에 필요한 예산을 편성하여 도의회에 제출할 수 있다.

⑪ 제8항 내지 제10항의 시행에 관하여 필요한 사항은 도조례로 정한다.

⑫ 「지방자치법」 제117조부터 제120조까지의 규정에도 불구하고 제1항 내지 제12항에 규정한 사항 외에 마을정부의 기관 구성, 권한, 사무처리 등을 위해 필요한 사항 및 주민의 권리 등은 도조례로 정할 수 있다.

제45조의 3(마을기금의 설치)

① 마을정부는 주민의 복리증진과 자치역량 강화, 마을경제의 활성화를 위하여 주민이 공동소유하는 마을기금을 설치할 수 있다.

② 마을기금은 다음 각 호의 재원으로 조성한다.

  1. 국가 또는 지방자치단체의 출연금

2. 다른 기금으로부터의 출연금

3. 정부 외의 자가 출연 또는 기부하는 현금, 물품, 그 밖의 재산

4. 기금운용수익금

5. 그 밖에 도조례로 정하는 재원

③ 마을기금은 민주적이고 효율적으로 운용되어야 한다.

④ 「기부금품의 모집 및 사용에 관한 법률」 제5조의 규정에도 불구하고 마을정부는 기부금품을 모집하거나 접수할 수 있다.

⑤ 그 밖에 마을기금의 설치·운용에 관하여 필요한 사항은 도 조례로 정한다.

제45조의4(마을정부의 국유·공유 재산 활용)

① 국가와 지방자치단체는 마을정부가 그 사무 수행 등을 위하여 국유·공유 재산이 필요하다고 인정하면, 이를 마을정부에 우선 매각하거나 무상으로 대여·사용하게 할 수 있다.

② 마을정부는 국가와 지방자치단체의 지원을 받아 조성하거나 취득한 부동산 자산의 소유권 등기를 부기등기하여 관리하여야 한다.

③ 제2항에 따른 부기등기의 방법·절차 등에 필요한 사항은 도조례로 정한다.

초안대로 「제주특별법」이 개정되면 일단 43개 읍·면·동의 주민자치위원회는 모두 주민자치회로 바뀐다. 법인격이 부여되고 도 사무의 일부를 위탁받을 수도 있다. 이는 현재 전국적으로 시범 시행되는 주민자치회와 유사하다. 현행 주민자치회는 법인은 아니나 권리능력 없는 사단의 지위를 갖기 때문에 법인격을 가진 것이나 다름없다.

초안의 특징은 주민투표를 통해 마을정부를 선택하고 조직할 수 있도록 하여 제주형 읍면동자치안을 담았다는 점에 있다. 마을정부는 법인격과 자치권을 갖고 있으나 헌법과 「지방자치법」에 근거한 지방자치단체가 아니라 「제주특별법」상 특수한 지위를 가진 별개의 공법인이다. 초안은 마을정부의 구성 방식을 해당 읍·면·동의 주민투표로 정할 수 있다고만 규정하고, 그 구성 방식 일체를 도조례에 위임하고 있다. 따라서 마을정부의 구성 방식은 도조례를 제정해야 비로소 구체적으로 알 수가 있다. 초안은 나아가 주민 공동소유의 마을기금의 설치 근거도 규정했다.

초안대로 「제주특별법」이 개정되었다고 가정하고 마을정부의 수립 과정을 살펴보면 이렇다.

일단 43개 읍·면·동마다 주민자치위원회는 주민자치회로 변경된다. 그 중 자치 의지와 역량을 갖춘 주민자치회가 마을정부를 추진한다. 물론 일정 수 이상 주민도 추진 가능하다.

주민자치회는 공청회 등을 통해 주민의견을 수렴하여 마을
정부의 기관 구성 방식을 정하고, 마을정부의 사무와 자치권
범위 등에 관해 도지사, 도의회와 협상한다. 협상 결과 합의안
이 도출되면 해당 읍·면·동 주민투표에 부친다. 주민투표가 통
과되면 도의회는 그 내용대로 도조례(마을헌법)를 제정한다.
그럼 주민자치회는 마을헌법에 따라 마을정부를 세우고 해산
한다.

그렇게 되면 제주지역 43개 읍·면·동마다 자치 모습이 모두
다르게 된다. 주민자치회가 운영되는 곳도 있고 마을정부가
운영되는 곳도 있을 것이다. 또 마을정부마다 그 구성과 권한
이 다 다르게 될 것이다. 그게 진짜 풀뿌리자치 아닐까?

3장

주권재민의 재정적 토대, 읍·면·동 마을기금

1. 나랏돈은 국민 소유?

우리나라 2019년 정부예산은 469조 5,752억 원에 달한다. 한 번 생각해 보자! 이 엄청난 규모의 돈은 누구 소유일까? 우리나라는 민주공화국이고 민주공화국의 주권은 국민에게 있다. 따라서 이론적으로는 이 돈의 소유자는 주권자인 국민이다. 하지만 정작 국민인 우리는 이 돈을 소유하고 있다고 체감하지 못한다. 그저 그림의 떡처럼 느껴진다. 그 이유가 뭘까? 법적으로는 국민이 소유자가 아니기 때문이다.

법적으로 어떤 물건의 소유자가 되기 위해서는 소유권이 있어야 한다. 소유권이란 물건을 관리·처분·사용·수익할 권리를 말한다. 누군가가 어떤 물건을 관리·처분·사용·수익할 권리가 있어 자기 뜻대로 관리·처분·사용·수익한다면 그는 그 물건을 소유하는 것이다. 그렇다면 국민인 우리가 정부예산을 자기 뜻대로 관리·처분·사용·수익할 수 있는가? 유감스럽게도 전혀 그렇지 못하다. 국민 대신 정치가와 관료가 관리하고 처분한다. 사용·수익은 궁극적으로는 국민이 한다고 하더라도 국민이 어떻게 사용·수익할 것인지도 정치가와 관료가 정한다. 국민 스스로는 관리도, 처분도, 사용도, 수익도 전혀 하지 못하고 있다. 따라서 법적인 관점에서 볼 때 국민은 정부예산의 소유권을 가지고 있지 못하다. 이 말은 이념적으로는 모르겠지만 실제로는 소유자가 아니란 말이다. 그런 까닭에 국민인 우리는 정부예산의 소유자임을 전혀 실감하지 못하는 것이다.

우린 그런 현실을 당연하게 받아들이고 산다. 하지만 그게 진정한 주권자의 모습인가? 국민이 재정주권을 실질적으로 행사하는 가장 이상적인 방법은 정부예산을 직접 관리·처분·사용·수익할 수 있는 소유권을 가지는 것이다. 그렇게 되면 국민이 정부예산의 진정한 소유자이자 주권자임을 체감할 수 있을 것이다. 물론 대의제를 원칙으로 삼고 있는 현행 헌법체계 하에서 정부예산의 전부를 그렇게 하는 것은 불가능하다. 하지만 그 일부라면 가능하지 않을까? 정부예산의 일부만이라도 국민이 직접 관리·처분·사용·수익하는 방법은 없을까? 그런 방법이 나와야 주권재민이 부분적이나마 온전하게 구현되지 않을까? 그러한 고민을 담은 산물이 바로 '읍·면·동 마을기금'(이하 '마을기금'이라 한다)이다.

마을기금에 대해서는 다음과 같은 순서로 설명하고자 한다. 첫째, 마을기금의 이론적 근거로 엘리너 오스트롬의 공유재 관리 이론을 검토한다. 둘째, 정부예산을 공유재로 간주하고 비효율적 관리 사례를 검토한 다음 주민의 자치관리 필요성을 살펴본다. 셋째, 그 구체적인 방법으로 정부예산을 주된 출연 재원으로 하고 주민이 공동소유하며 자율적으로 관리·운용하는 마을기금 구상을 제시하고, 마을기금의 공동소유 형태인 '총유'의 의미와 사업 내용 등을 개괄적으로 살펴본다.

2. 엘리너 오스트롬의 공유재 관리 이론

1) 공유재의 비극과 일반적 해법

배제성은 없으나 경합성은 있는 재화와 서비스를 공유재라고 한다. 배제성이란 대가지불 없이 재화나 서비스를 소비할 수 없는 경우를 말하고, 경합성이란 재화나 서비스가 한정되어 한 사람이 소비하면 다른 사람의 소비가 제한되는 경우를 말한다. 따라서 공유재란 대가를 지불하지 않고도 소비할 수 있지만 한 사람의 소비가 다른 사람의 소비를 제한하는 재화와 서비스를 말한다. 1968년 개릿 하딘Garrett Hardin은 『사이언스』지에 「공유재의 비극」The tragedy of the commons이라는 논문을 발표했다. '공유재의 비극'이란 공동체가 공유재를 소유하고 있는 경우, 그 구성원 각자는 자신의 이익만을 추구하여 결과적으로 모두가 파국에 이르게 됨을 일컫는다.

다음과 같은 사례가 언급된다. 목초지에서 양들을 키우는 목동 甲, 乙, 丙, 丁이 있다. 목초지의 규모에 비춰볼 때 방목할 수 있는 양의 숫자는 200마리가 한계다. 더 많은 양들이 풀을 뜯어 먹으면 목초지는 황폐해진다. 甲, 乙, 丙, 丁은 각각 50마리씩 양떼를 풀어 놓아 기르고 있었다. 그러던 중 甲이 100마리 양을 끌고 와 방목해서 두 배의 수익을 얻었다. 이에 乙, 丙, 丁도 경쟁적으로 더 많은 양들을 목초지로 끌고 나오게 되었고, 그 결과 목초지는 과잉방목으로 황폐해졌다.

이러한 공유재의 비극을 해결하는 방법으로는 일반적으로 정부의 통제와 시장메커니즘, 두 가지가 제시되고 있다.

정부통제 방법은 정부가 공유재의 사용을 적절하게 규제하고 위반자를 처벌하는 것이다. 공유재의 비극이 발생하는 원인을 보면, 사람이란 본래 자신의 이익만을 생각하고 자신의 행동이 타인에게 미치는 영향은 제대로 헤아리지 않는 탓에 있으므로, 이를 해결하기 위해서는 정부라는 강제력을 가진 제3의 주체가 적극적으로 개입하여 통제해야 한다는 점을 논거로 한다.

하지만 정부통제가 성공하기 위해서는 정보의 정확성, 감시 능력, 제제의 신뢰성, 낮은 수준의 집행비용이 전제되어야 한다.* 그러나 신뢰할 만한 정부가 없을 때 중앙정부는 공유재의 가용량이나 벌금 수준을 잘못 책정할 수 있고, 규칙을 위반한 사람이 아니라 규칙을 지킨 사람에게 제재를 가할 수도 있다.** 또한, 정부의 부정부패로 정부 개입의 효과가 반감되기도 한다. 예컨대, 제3세계에서 산림을 국유화하자 산림요원들의 부정부패로 산림 파괴는 가속화되었다.***

시장메커니즘 방법은 공유재를 둘러싼 집단 구성원에게 사적 소유권을 설정하는 것이다. 시장메커니즘 방법의 논거는

---

* 엘리너 오스트롬, 『공유의 비극을 넘어』, 윤홍근·안도경 옮김, 랜덤하우스코리아, 2010, 36면.
** 엘리너 오스트롬, 앞의 책, 36~38면.
*** 엘리너 오스트롬, 앞의 책, 56면.

다음과 같다. 공유재의 비극이 발생하는 원인은 공유재의 소유권이 분명하지 않기 때문이다. "모두의 것은 누구의 것도 아니다"라는 아리스토텔레스의 말처럼 소유권이 불분명하므로 비효율이 발생하는 것이다. 따라서 공유재의 소유권을 각자에게 제대로 설정해 사유화하면 각자는 적절하고 효율적으로 관리할 것이다.

그러나 이 방법은 사적 소유권 설정비용 및 위반행위 집행·감시비용 등의 추가비용이 발생하고, 현실적으로 모든 공유재를 사유화하는 것은 불가능하며, 소유권을 취득한 사람이 높은 시장지배력을 갖게 되어 독과점적 가격을 유지하게 되는 경우 사회적 잉여의 대부분을 차지한다는 문제점이 있다.[*]

2) 제3의 길, 지역공동체의 자치관리

미국의 정치학자이자 경제학자인 엘리너 오스트롬Elinor Ostrom
은 스위스 퇴르벨, 일본의 히라노·니가이케·야마노카, 스페인의 발렌시아·무르시아·오리우엘라·알리칸테, 필리핀의 잔제라 등 공유재를 지속가능하게 관리해 온 소규모 지역공동체

---

[*] 강은숙·김종석, 『엘리너 오스트롬, 공유의 비극을 넘어』, 커뮤니케이션북스, 2016, 15~16면.

아홉 곳에 대한 사례 연구를 바탕으로 공유재의 비극을 해결하는 제3의 방법으로 지역공동체의 자치관리를 제시했다. 공동체 구성원들 간의 신뢰를 바탕으로 하는 상호 감시와 상호제재를 통해 공유재를 자율적으로 관리할 때 공유재의 비극을 피할 수 있다는 것이다. 나아가 자치관리의 성공 특징을 분석하여 이를 여덟 가지 설계원리design principle로 제시했다.*

---

* 엘리너 오스트롬이 제시한 여덟 가지 설계원리는 다음과 같다(엘리너 오스트롬, 앞의 책, 173~193면).

① 명확하게 정의된 경계 : 공유재로부터 자원 유량을 인출해 갈 수 있는 권리를 가진 개인 및 가계가 명확하게 정의되어야 하고, 공유자원 자체의 경계 또한 명확하게 정의되어야 한다.

② 사용규칙·제공규칙의 부합성 : 자원 유량의 시간·공간·기술·수량 등을 제한하는 사용규칙이 현지 조건과 연계되어야 하고, 노동력·물자·금전 등을 요구하는 제공규칙과도 맞아야 한다.

③ 사용자의 참여 보장 : 실행규칙에 의해 영향을 받는 대부분의 사람들은 그 실행규칙의 변경과정에 참여할 수 있어야 한다.

④ 지속적 감시활동 : 공유재의 현황 및 사용 활동을 적극적으로 감시하는 단속요원은 그 사용자들 중에서 선발되거나 사용자들에 대해 책임을 져야 한다.

⑤ 점증적 제재조치 : 실행규칙을 위반하는 사용자는 다른 사용자들이나 책임관리자, 혹은 양자에 의해 위반행위의 경중과 맥락에 따른 단계적으로 강화되는 제재조치를 받게 된다.

⑥ 분쟁해결장치 : 사용자들 간 혹은 사용자와 관리자들 사이에 발생하는 분쟁을 공정하고 신속하며 경제적으로 해결할 수 있는 분쟁해결장치를 지역공동체 내부에 마련해 두어야 한다.

⑦ 자치권 보장 : 스스로 제도를 설계할 수 있는 사용자들의 자치권은 정부 당국에 의해 존중되어야 하고, 외부 권위에 의해 위협받지 않아야 한다.

⑧ 중층의 정합적 사업 단위 : 공유재가 대규모 체계의 부분으로 있는 경우는 지역공동체의 자치관리가 중앙정부·지방정부 등의 사업단위 및 법제도와 조화를 이뤄야 한다.

오스트롬은 이와 같이 '공유재의 비극' 문제를 정부의 통제나 시장메커니즘이 아닌 지역공동체의 자치관리로 해결할 수 있다는 점을 이론적·실증적으로 규명하여 그 공로로 2009년 노벨경제학상을 받았다. 오스트롬의 자치공동체 관리이론은 공유재가 있는 경우 지역공동체의 자치관리가 정부통제나 시장메커니즘보다 민주적이고 효율적이라는 주장에 대한 강력한 논거가 된다.

3. 정부예산의 공유재적 성격과 비효율적 관리 사례

우리나라에서 공유재에 대한 연구가 본격적으로 시작된 것은 2010년 오스트롬의 저서 『공유의 비극을 넘어』와 『지식의 공유』가 번역되면서부터다. 학자들은 공유재 관리론을 자연의 지속가능한 관리 외에 정부예산 등 사회적 자원, 도시의 쾌적성 등 비가시적 자원 등에 폭넓게 적용할 필요성을 제기하고 있다.* 이에 따르면 정부예산도 공유재의 일종으로 볼 수 있다.

---

* 최현·정영신·윤여일 편저, 『공동자원론, 오늘의 한국사회를 묻다』, 진인진, 2017, 47~48면.

정부 각 부처가 모두 예산을 요구할 수 있으므로 배재성은 없으나, 한 부처가 예산을 많이 배정받으면 그것이 다른 부처의 예산배정에 영향을 주기 때문에 경합성이 있다. 그리고 목초지처럼 정부예산 또한 고갈될 수 있는 자원이다. 매년 새로운 세수가 들어오기는 하지만 지출초과상태가 심각해지면, 결국 정부 부도사태에 이를 수도 있다.[*] 공유재인 정부예산의 관리방법은 정부통제 방법에 가깝다고 할 수 있는데 비효율적으로 관리되는 경우가 상당하다. 여기서는 중앙정부의 경우와 지자체의 경우로 나눠 그런 사례를 살펴보자.

1) 중앙정부의 비효율적 예산관리 사례

먼저 중앙정부의 비효율적 예산관리 사례를 살펴보자. 중앙정부는 2017년과 2018년 2년 동안 일자리 예산으로 모두 약 54조 원을 투입했다. 2017년·2018년 본예산 합계 36조 원에 추가경정예산 합계 14조 8,000억 원, 2018년 일자리 안정자금 3조 원 등을 합친 액수다. 2019년에도 20조 원 이상이 투입될 예정이다. 이처럼 정부는 천문학적인 돈을 사용하고 있으나 유감스럽게도 일자리 창출효과는 거의 없다. 통계청 경

---

[*] 배득종, 「공유재 이론의 적용 대상 확대」, 『한국행정학보』 38(4), 2004, 154면.

제활동인구조사에 따르면, 2018년 1~9월 실업자 수는 111만 7,000명으로 지난해 같은 기간보다 5만 1,000명이 늘었다. 이 중 구직기간이 6개월 이상인 장기실업자는 15만 2,000명으로 1년 전보다 1만 명이 늘었다. 1966년 6월 관련 통계 작성 이후 양 지표 모두 2018년이 최악이다. 까닭에 혈세 낭비라는 지적이 많다. 정부의 재정투입은 단기 응급처방에 불과하며 장기적으로는 시장 질서를 교란하고 좀비기업만 양산할 뿐이라는 비판도 크다.

일자리 예산뿐만 아니다. 저출산 대책 예산도 비효율적으로 사용되고 있는 대표적 예이다. 알다시피 우리나라의 저출산 상황은 거의 재앙 수준이다. 2017년 출산율은 1.052명에 불과했고 2018년 3분기 출산율은 0.95명으로 더 떨어졌다. 여성 한 명이 평생 낳을 것으로 예상되는 자녀의 수가 이제는 한 명이 채 못 되는 것이다. 이는 OECD 국가 중 압도적 꼴찌 수준이다. 출산율이 2.1명은 되어야 지금의 인구 수준을 유지할 수 있다고 한다. 그러나 우리나라는 그 절반도 미치지 못하고 있다. 이대로 가다가는 인구절벽의 위기를 맞이할 것이 분명하다. 정부도 저출산 상황의 심각성을 인식하고 매년 엄청난 예산을 쏟아붓고 있다. 국회 예산정책처 추산에 의하면 정부는 지난 2006년부터 2018년까지 13년 동안 152조 8,000억 원이라는 어마어마한 돈을 저출산 대책에 투입했다. 2019년에는 30조 원을 넘게 사용할 가능성이 있다. 그러나 출산율은 개선되기는커녕 오히려 계속 떨어지고 있다. 이에 전문가들은 정부의 대책이 현금 지원 위주의 백화점식 나열에 그치는 등 핵심은 건드리지 못하고 변죽만 울리는 데 그치고 있다고 비판한다. 대통령 직속 저출산·고령사회위원회가 '제3차 저출산·고령사회 기본계획(2016~2020년)'의 재구조화를 위해 관련 전문가들로 구성한 '재구조화 비전팀'은 2018년 10월 25일 정부의 저출산 대책은 출산율 제고에 급급한 나머지 단기적 성과에만 매몰된 '정책 실패'라고 진단했다. 정부 스스로 150조 원이 넘는 돈이 헛되게 쓰였음을 자인한 것이다.

국고보조금의 사용은 효율적일까? 2018년 국고보조금 규모는 66조 9,000억 원이다. 국고보조금이란 지방자치단체나 개인 등 국가 외의 자가 행하는 사무 또는 사업에 대하여 국가가 이를 조성하거나 재정상의 원조를 하기 위하여 교부하는 돈을 말한다. 국민 혈세로 운용되는 국고보조금은 꼭 필요한 곳에 효율적으로 사용되어야 하나 부정수급 등 보조금 비리가 만연하여 "눈먼 돈", "먼저 먹는 사람이 임자"라는 말이 있을 정도로 줄줄 새는 돈이라는 인식이 강하다. 이에 정부는 중복수급을 방지하고 투명한 보조금 관리를 위해 2017년 7월부터 국고보조금 통합관리시스템(e나라도움)을 운용하고 있으나 절차의 복잡 등으로 불만의 목소리는 여전히 높다. 국고보조금을 받은 개인이 사업에 성공하면 그 이익이 전적으로 사유화되는 것도 문제다. 발생한 이익 중 개인의 노력이 기여한 부분을 개인이 취하는 것은 별 문제가 없지만 공적자금이 기여한 부분은 공공의 몫으로 돌리는 것이 정의 관념에 부합한다. 따라서 그 이익 중 국고보조금이 기여한 부분은 환수하여 공공으로 귀속시키는 것이 타당하다.

2) 지자체의 예산 관리 효율성 여부

지자체의 비효율적 예산 관리 사례로는 제주특별자치도의 경우를 예로 들어 살펴보자. 2017년 제주특별자치도 이월 예산은 1조 520억 원에 이른다. 제주특별자치도 한 해 예산 규모는 5조 원대이므로 도 예산 중 20% 가량이 사용되지 못하고 다음 회계연도로 넘겨지는 것이다. 그러다 보니 연말이 오면 이월액을 줄이기 위해 멀쩡한 도로를 보수공사하는 등 '묻지 마' 식 예산 집행이 이뤄지기도 한다. 예산 편성·집행체계의 비효율성이 심각하다는 것을 단적으로 드러내는 사례이다.

원희룡 제주지사의 공약실천계획도 문제다. 원 지사는 지난 6월 지방선거에서 '제주가 커지는 꿈'이라는 슬로건을 내

걸고 재선에 성공했다. 원 지사의 말에 따르면 제주가 커지는 꿈이란 "청년 일자리, 엄마 행복, 미래 인재, 여성의 사회적 지위, 편안한 노후, 장애인 배려, 주거환경, 도민 안전과 건강, 농어민 소득, 자주 재원이 커지는 것"이라고 한다. 원 지사는 2018년 9월 10일 '제주가 커지는 꿈'을 실현하기 위해 14개 분야, 115개 정책공약, 341개 세부과제에 2022년까지 무려 4조 9,016억 원을 투자하는 공약실천계획을 확정·발표했다. 이 중 일자리 창출 10개 분야 44개 실천과제에만 2조 1,000억 원이 투입된다. 공무원 증원 등 공공부문 일자리 10,000개, 미래 신산업 분야 14,000개, 사회적 경제 분야 6,000개, 1차 산업·관광·문화산업 분야 1,900개 등 도합 33,000개의 일자리를 창출하려는 야심찬 계획이다. 하지만, 원 지사의 공약실천계획 예산이 과연 효율적이고 적절하게 집행될지 우려가 크다. 특히 공공부문 일자리 1만 개 창출은 제주지역 청년 대부분을 공공부문 일자리로 쏠리게 만들어 구인난으로 사업을 포기하는 중소기업이 속출하는 등 제주경제에 재앙이 될 수도 있다는 비판이 있다.

4. 공동체의 자치관리방안, 마을기금

1) 마을기금 구상

앞서 본 바와 같이 중앙정부나 지자체가 예산을 효율적으로 사용하지 못한다면 발상의 코페르니쿠스적 전환을 해 보는 것은 어떨까? 그 전환은 바로 정부나 지자체가 아니라 지역공동체가 좋은 제도설계를 바탕으로 중앙정부 내지 지자체 예산 중 일부를 자치적으로 관리하는 것이다. 예컨대, 원희룡 지사의 공약실천계획에 소요되는 예산인 4조 9,016억 원 전부를 주민이 자율적으로 관리하는 마을기금의 조성에 사용하는 것을 생각해 보자. 제주에는 43개의 읍·면·동이 있으므로 4조 9,016억 원이면 읍·면·동마다 평균 1,140억 원 규모의 마을기금을 조성할 수 있다. 이처럼 읍·면·동마다 1,140억 원 규모의 마을기금이 생겨 주민들 스스로 그 기금을 통해 제주가 커지는 꿈에 투자한다면 그 돈이 주민의 뜻에 따라 효율적으로 사용되지 않을까?

이러한 마을기금에 대한 영감은 슈마허의 저서 『작은 것이 아름답다』에서 얻었다. 슈마허 주장의 요지는 이렇다.* 선진국

---

* E. F. 슈마허, 『작은 것이 아름답다』, 이상호 옮김, 문예출판사, 2002, 361~369면.

에서 민간기업은 공적 투자로 조성된 사회간접자본으로부터 많은 편익을 얻고 있다. 따라서 지역의 공공기관은 해당 지역에 있는 민간기업의 배분이익 중 절반을 수령해야 한다. 그 방법은 이윤세 부과가 아니라 기업 주식의 50%를 소유하는 것이어야 한다. 이때 공공기관이 보유하는 주식은 우선배당권을 갖되 의결권은 없다. 공공기관은 민간기업의 경영에 직접 참여하기보다는 감시하는 권한만 갖는다. 공공기관의 의사결정기관으로는 사회평의회를 둔다. 사회평의회는 노동조합 대표, 경영자 조직, 전문 직업단체가 각각 4분의 1씩 지명하고, 나머지 4분의 1은 추첨으로 선발하는 의원으로 구성된다. 사회평의회는 배당이익에 대한 완전한 통제권을 갖는다.

　슈마허의 주장을 처음 접했을 때는 이상주의자의 공상에 불과하다고 치부했다. 그러나 씹어볼수록 공감이 갔다. 그래서 그 주장을 우리나라의 현실에 비춰 수정·보완하여 구상한 것이 바로 마을기금이다. 이제 필자가 생각하는 마을기금에 대해 소유 형태와 사업, 시작 방법 등을 중심으로 의견을 제시해 보기로 한다.

2) 총유에 준하는 공동소유 형태

마을기금을 만든다면 특별한 사정이 없는 한 법인으로 구성하는 것이 바람직하다. 일정한 목적에 바쳐진 재산, 즉 기금이 그 실체라는 점에서 재단법인의 성격이 강하다고 할 수 있다. 하지만 마을기금의 소유 형태는 공동소유의 일종인 '총유'總有에 준하는 것으로 제도설계를 하는 것이 바람직하다.*

총유란 단체의 단일성과 구성원의 다수성이 불가분적으로 유착되어 있었던 중세 게르만 촌락공동체의 재산소유관계를 설명하기 위해 정립된 개념이다. 소유권은 물건을 관리·처분·사용·수익할 권리를 말하는데, 총유란 소유권의 내용 중 관리·처분의 권능은 구성원의 총체에 속하고 사용·수익의 권능은 각 구성원에게 속하는 공동소유의 형태이다.** 즉, 목적물의 소유권이 단체와 그 구성원에게 이원적으로 속해 있어 목적물에 대한 관리·처분의 권능은 단체에 귀속되고, 단체의 구성원

* 판례도 동·리의 행정구역 내에 거주하는 주민들이 주민의 공동편익과 공동복지를 위하여 주민 전부를 구성원으로 한 공동체를 구성하고 행정구역인 리의 명칭을 사용하면서 일정한 재산을 공부상 그 이름으로 소유해 온 경우에, 이러한 공동체는 이른바 비법인 사단으로서 그 재산은 리 주민의 총유에 속한다고 하여 동·리의 마을기금을 주민공동체의 총유로 보고 있다(대법원 1995. 9. 29. 선고 95다32051 판결 참조).

** 현행 민법은 총유에 대해 다음과 같이 규정하고 있다. 법인 아닌 사단의 사원이 집합체로서 물건을 소유할 때는 총유로 한다(제275조 제1항). 총유에 관하여는 사단의 정관 기타 계약에 달리 정함이 있는 경우를 제외하고는(제275조 제2항), 총유물의 관리 및 처분은 사원총회의 결의에 의하고(제276조 제1항), 각 사원은 정관 기타의 규약에 정한 바에 따라 총유물을 사용, 수익할 수 있다(제276조 제2항). 사원의 주요 권리는 총유물의 관리·처분에 참여하는 것과 총유물의 사용·수익에 있다는 것이다. 총유물에 관한 사원의 권리·의무는 사원의 지위를 취득·상실함으로써 취득·상실된다(제277조).

들은 규약에 따라 일정한 범위 내에서 각자 목적물에 대한 사용·수익의 권능을 가질 뿐 총유물에 대한 구성원 개인의 지분권은 인정되지 않는 공동소유의 형태를 총유라고 부른다. 이처럼 총유는 단체와 구성원에 분속된 소유권의 권능이 단체의 규칙에 의하여 결합하여 하나의 소유권을 이루고 있다는 특징을 지니고 있다.[*]

따라서 마을기금의 소유 형태를 총유에 준하는 것으로 제도설계한다면, 마을기금의 관리 및 처분에 관한 권한은 주민총회에서 행사하고, 각 주민은 정관 등이 정한 바에 따라 마을기금을 사용·수익할 수 있는 권한을 갖게 된다. 예컨대, 마을 주민이 마을기금을 통해 건물 1동을 총유하고 있는 경우, 그 건물의 관리 및 처분에 관한 사항은 주민총회에서 결정하고, 마을 주민은 건물 중 필요한 부분을 정관의 규정에 따라 정당한 임대료를 내고 임차하여 사용하고 그 임대료 수입은 마을 주민에게 n분의 1로 배당하는 것이다.

이처럼 마을기금의 소유 형태를 총유로 만들면 우리는 적어도 거주지 읍·면·동에 조성된 마을기금에 대해서는 소유자라는 느낌을 갖게 될 것이다. 돈 가는 데 마음 간다고 마을기금

---

[*] 김대정, 「總有에 관한 民法規定의 改正方案」, 『중앙법학』 14(4), 2012, 71면.

의 자치관리에도 관심을 가지게 될 것이다. 마을기금이 매년 불어나 수천억 원 이상 적립된다면 개인적으로는 아무리 가난해도 그는 부자다. 수천억 원 재산의 공동소유자이니까. 또한 그는 공동소유자의 자격으로 마을기금에 자신의 복지를 책임져 줄 것을 요구할 수 있다. 예컨대 무주택자인 주민은 주민총회에서 영구임대주택을 건설해 적정한 임료를 받고 임대해 줄 것을 요구하는 것이다. 맞춤형 복지가 가능해지는 것이다. 또한 연말에 주민 모두가 임대 수익을 현금배당 받는다면 살림살이도 나아질 것이다.

그렇다면 마을기금을 어떻게 제도설계해야 총유에 준하는 형태를 지니게 될까? 적어도 다음의 다섯 가지 요건은 구비해야 한다고 본다.

첫째, 해당 읍·면·동에 주소를 둔 주민 모두가 마을기금의 구성원이 되어야 한다. 이 경우 주소 외의 연고, 예컨대 직장 등을 둔 주민의 경우도 구성원이 될 수 있는지 등이 쟁점이 될 수 있다.

둘째, 마을기금의 소유 형태와 관련하여 관리·처분권은 주민 전체에 공동으로 속하고 사용·수익권은 정관의 규정에 따라 각 주민에게 속해야 한다.

셋째, 마을기금의 이사장 내지 대표는 지역주민이 직접 선출해야 한다. 그래야 이사장 내지 대표가 지역주민에게 책임을 지고 기금 운용에 최선을 다하게 된다.

넷째, 마을기금의 운용위원회는 15~35명의 위원으로 구성하되, 과반수 이상은 추첨선발된 지역주민으로 충원해야 한다.

다섯째, 마을기금의 최고의사결정기관으로 주민총회를 두어야 한다. 총회에는 해당 읍·면·동 주민 전부가 구성원으로 참여해 의결권을 행사한다. 이 경우 의결권 행사 요건으로 거주기간을 얼마로 설정할지, 연령을 언제로 제한할지 등이 쟁점이 될 것이다.

3) 마을기금의 사업

마을기금이 만들어지면 주민 스스로 이를 활용해 주민의 자치 및 복리 증진, 마을경제의 활성화, 마을공동체의 회복 등을 위한 다양한 사업을 벌일 수 있다. 사업의 모습은 마을기금이 마을기업에 기금사업을 위탁하는 형태가 될 것이다. 여기서 마을기업이란 주민의 자치 및 복리 증진, 마을경제의 활성화, 마을공동체 회복 등의 목적으로 설립·운영하는 읍·면·동 단위의 기업으로 영리·비영리를 불문한다. 그렇게 되면 마을기금을 통해 다양한 마을기업들이 생겨나면서 주민의 소득 증대와 일자리 창출에도 큰 효과가 있을 것이다. 몇 가지 사례를 예시해

본다.

① 마을기금으로 해당 읍·면·동에서 임대주택을 건설해 청년, 신혼부부 등 집 없는 주민들에게 적정한 가격으로 임대한다. 그러면 구태여 내 집 마련에 등골이 휠 이유가 없다.

② 상가 등을 조성해 자영업 등을 하려는 주민들에게 적정한 가격으로 임대한다. 그럼 주민들은 임대료 인상이나 젠트리피케이션 걱정 없이 사업을 할 수 있게 된다.

③ 해당 읍·면·동에서 사업을 하는 주민에게 저리 신용대출 및 지분투자를 한다. 지분투자의 경우 배당 우선권을 갖되, 주민의 경영권은 보장한다. 법률·세무·노무·경영 등 전문 컨설팅도 지원한다. 그럼 벼랑 끝에 선 자영업자들에게 커다란 희망이 될 것이다.

④ 마을기금 운용으로 나오는 수익은 매년 주민 전부에게 n분의 1씩 현금으로 배당한다. 읍·면·동 차원에서 기본소득이 시행되는 것이다. 그럼 주민의 호주머니 사정도 넉넉해진다.

4) 마을기금의 시작

그렇다면 마을기금을 어떻게 시작해야 할까? 지금처럼 아무런 경험과 검증이 없는 상태에서 처음부터 읍·면·동마다 수십억 원 또는 수백억 원의 돈을 출연하여 마을기금을 만들 수는 없는 일이다.

필자의 생각으로는 그 시작은 정부의 마을공동체사업 예산을 마을기금에 출연하는 것부터 하는 것이 좋을 것 같다. 한국정책학회가 수행한 '2015년 중앙부처 마을공동체사업 조사·진단 결과'에 의하면 정부가 마을공동체 활성화를 위해 추진하는 사업은 6개 부처 14개 사업으로 연간 예산규모는 약 1조 2천억 원(2014년 1조 1,700억 원, 2015년 1조 1,800억 원)에 이른다. 하지만 주민 주도가 아닌 국가나 자치단체 중심의 하향식 추진 경향, 개별 부처 차원의 분절적 사업 추진으로 인한 사업의 유사·중복, 시설물 건축이나 장비 구축 등 물질적·외형적인 측면에 치중한 사업 지원방식, 장기적이고 체계적인 마을종합계획의 부재 등으로 효과를 제대로 내지 못하고 있다. 그렇다면 마을공동체사업 예산으로 마을기금을 조성하여 주민 주도로 사용하게 하는 것이 오히려 효과적일 수 있다. 1조 2천억 원의 예산을 3,500개 읍·면·동으로 나누면 읍·면·동마다 평균적으로 매년 약 3억 4천만 원을 마을기금에 출연할 수 있다. 일단 그 돈을 시드머니로 하여 주민이 공동소유하며 자율적으로 운용하는 마을기금을 만드는 것이다.

주민참여예산을 활용하는 것도 좋을 것 같다. 주민참여예산이란 지방자치단체의 이용 가능한 재정자원의 배분 및 사용과 관련되는 의사결정에 주민의 직접적인 관여를 허용하는 제도적 장치를 말한다.* 주민참여예산제는 1989년 브라질 포르투 알레그레 시에서 최초로 실시되었고, 우리나라의 경우 2006년 「제주특별법」에 의해 제주에서 전국 최초로 도입되었으며, 2011년부터 전국적으로 의무화되어 시행되고 있다. 하지만 실제 시행의 모습을 보면 읍·면·동별 사업 제안 건수가 많지 않아 참여가 활성화되지 못하고 있고, 사업 발굴의 한계로 사업 내용도 비슷비슷하다. 이제는 공모 등을 통한 경쟁으로 가고 있어 많이 줄기는 했지만 과거에는 나눠주기 식 할당제로 운영되는 폐단도 있었다. 이처럼 주민참여예산제가 주민이 체감하는 형태로 운영되지 못하고 있는 것이 현실이다. 그렇다면 주민참여예산제를 마을기금을 조성하는 형태로 운영할 수도 있지 않을까?

참고로 유럽의 주민참여예산제도 유형으로는 ① 유럽형 포르투알레그레Porto Alegre adapted for Europe, ② 조직적 이해관계의 대표representation of organized interests, ③ 지방 및 도시 수준의 커뮤

---

* 임성일, 「주민참여예산제도는 무엇이고, 어떻게 하면 활성화시킬 수 있는가?」, 『2012년 도 주민참여예산 위원 통합 교육 자료』, 제주특별자치도, 2012, 23면.

니티 자금community funds at local and city level, ④ 관민 협상테이블 public/private negotiation table, ⑤ 재정에 관한 의견수렴consultation on public finances, ⑥ 근린참여proximity participation를 들 수 있는데, 그 중 '지방 및 도시 수준의 커뮤니티 기금' 유형의 경우 주민들이 의사결정권한을 보유하는 '권한이양 참여 거버넌스'의 특성을 지니는 것으로 입법·행정·사법의 전통적 세 권력을 넘어 '제 4의 권력'a fourth power으로 발전할 가능성이 있는 것으로 간주 된다.*

주민참여예산의 전국적 규모는 2018년 기준으로 1조 1천억 원이다. 앞서 본 마을공동체사업 예산 1조 2천억 원을 더하면 합계 2조 3천억 원이 되는데 그 돈을 3,500개 읍·면·동으로 나 누면 읍·면·동마다 평균적으로 매년 약 6억 6천만 원을 마을 기금으로 적립할 수 있다. 결코 적지 않은 돈이다.

5. 작은 것의 경제를 위하여

마을기금은 공유재인 정부 내지 지자체 예산의 일부를 주민이

---

* 임성일, 앞의 논문, 25면.

직접 관리·처분·사용·수익하게 함으로써 재정 면에서 주권재민을 실질적으로 실현할 수 있는 획기적인 제도라 할 수 있다. 그런데 마을기금은 그 이상의 의미와 가치를 담고 있다. 일찍이 슈마허는 『작은 것이 아름답다』에서 우리가 경제성장으로 물질적인 풍요를 누리더라도 인간성과 환경이 병들어 버린다면 과연 행복할 수 있는지 물었다. 경제성장은 인간의 행복을 위한 수단에 불과하다. 인간의 행복은 건강한 인간성과 환경을 전제로 한다. 인간성과 환경이 병들면 인간은 결코 행복할 수 없다. 따라서 경제성장은 인간성과 환경의 건강성을 전제로 추진되어야 한다. 그러한 경제가 인간의 행복이라는 본래 목적에 종사하는 경제가 될 것이다. 슈마허는 그런 경제를 '작은 것'에서 찾았다. 우리가 거대주의라는 환상에서 벗어나 스스로 다스릴 수 있을 정도로 작은 규모의 경제시스템을 유지할 때 비로소 경제는 인간성과 환경을 건강하게 만들며 인간의 행복을 위하는 모습으로 탈바꿈한다는 것이다.

마을기금은 읍·면·동이라는 작은 지역단위를 기반으로 하며 작은 것의 경제를 지향한다. 읍·면·동마다 마을기금을 기반으로 다양한 마을기업이 생겨 자립적인 마을경제 생태계가 구축된다면 인간의 행복을 가장 중시하는 경제가 작동될 수 있을 것이다. 그 점에서 마을기금은 슈마허가 강조하는 인간 중심의 경제를 실현하는 제도이기도 하다.

한편, 마을기금의 성공은 주민의 민주적 참여와 효율적 운용에 달려 있다. 주민이 마을기금에 민주적으로 참여하고 효율적으로 운용하지 못한다면 실패할 가능성이 크다. 마을기금의 성공을 위해서는 제도적으로는 읍·면·동 자치가 전제되어야 한다. 읍·면·동 자치 없이 주민이 자율적으로 마을기금을 운용하기에는 한계가 분명하다. 또한, 마을기금을 효율적으로 운용하고 마을기업을 성공적으로 경영할 수 있는 전문 인력을 체계적으로 양성하는 것도 필요하다.

4장

마을대표형 상원, 마을민회

1. 연방주의와 마을민회

앞서 우리는 마을공화국의 구성 원리 중 하나로 연방주의를
살펴본 바 있다. 연방주의는 수평적 네트워크형 통치구조를
지향하는 대표적인 조직 원리다. 마을공화국이 건립되면 지방
및 전국 차원에서 연방주의에 입각하여 마을공화국의 대표들
로 구성된 회의체인 마을민회를 설립할 필요가 있다. 하지만
국가주의적 사고방식이 주류를 이루고 있고 통치구조에서 연
방주의적 요소를 거의 찾아볼 수 없는 우리나라 현실에서 마
을민회 설립까지 주장하는 것이 얼마나 설득력이 있을지 의문
이 든다.

그래도 한 가지 다행스러운 점은 근래 지방분권형 헌법으로의 개정을 요구하는 목소리가 높아지면서 연방주의에 입각한 지역대표형 상원을 도입하자는 주장이 점차 주목받고 있다는 것이다. 지방분권의 근간은 헌법과 법률로 정해지므로 지방분권을 촉진시키는 근본적인 방안은 지방분권과 관련된 국가의사의 결정 과정에 지역대표들을 직접 참여시키는 것이다.* 만일 지역대표형 상원을 두는 형태로 개헌이 이뤄지면 입법과정에 지역대표가 참여할 수 있게 되어 지방분권이 촉진되고 지역 이익의 대변이 가능해진다.

실제로 연방국가 형태를 취하는 많은 국가에서는 전체 국민의 이익을 대표하는 하원과 지역의 이익을 대변하는 상원의 양원제를 채택하고 있다. 예컨대, 미국의 경우 하원은 전체 국민의 이익을 대변하며 인구비례로 435명을 선출하는 반면 상원은 주의 이익을 대변하며 50개 주에서 인구 규모와 상관없이 각 2명씩 총 100명을 선출한다. 인구가 약 4천만 명에 이르는 캘리포니아 주도 2명의 상원의원을 선출하고, 인구가 60만 명도 못 되는 와이오밍 주도 2명의 상원의원을 선출한다. 상원은 주를 대표하므로 모든 주가 인구 규모와 상관없이 동등한

---

* 안성호,『양원제 개헌론』, 신광문화사, 2013, 40면.

대표권을 갖게 한 것이다.

그런데, 또 하나의 마을공화국 구성 원리인 보충성의 원칙에서 보면 지역대표형 상원은 시·도 또는 시·군·구가 아니라 마을을 대표하는 형태로 설치되어야 한다. 마을이 권한의 원천이므로 주민생활과 밀접한 관련이 있는 사무에 대한 지방자치단체나 국가의 권한은 마을에서 유래한다. 따라서 그러한 사무와 관련된 지방자치단체나 국가의 의사결정 과정에 마을의 대표가 직접 참여해야 한다. 이를 위해서는 양원제를 전제로 지방자치단체 차원 및 국가 차원에서 마을대표형 상원인 마을민회가 구성될 필요가 있다.

2. 추첨민회 도입 주장

마을대표형 상원과 관련하여 양원제 도입을 전제로 하여 지역대표형 상원의 일종인 추첨민회를 도입해야 한다는 주장이 있어 소개한다. 그 내용은 이렇다.[*]

---

[*] 이지문, 「추첨민회 도입을 통한 양원제 개헌 모색」, 『사회이론』 51, 2017, 52~60면 참조.

기존 읍·면·동 주민자치위원회 구성을 위촉이나 추천 방식이 아닌 추첨 방식으로 전환해 일반 시민들이 참여할 수 있도록 보장하며 그 기능을 활성화해 읍·면·동 민회로 발전시킨다. 각각의 읍·면·동 민회에서 추첨으로 선발한 이들로 기초지방자치단체 민회를, 각각의 기초지방자치단체 민회에서 추첨으로 선발한 이들로 광역지방자치단체 민회를, 각각의 광역지방자치단체 민회에서 추첨으로 선발한 이들로 국가 민회를 구성하는 방식이다. 이 경우 2016년 말 기준으로 3,503개의 읍·면·동 민회, 226개의 기초자치단체 민회, 17개 광역자치단체 민회, 1개 국가 민회가 함께 존재하게 된다.

국가 민회의 경우 의원 수는 현 국회 지역구 정수의 2분의 1인 124명이다.* 의원 수의 할당은 지역대표성과 인구비례를 동시에 감안하여 정한다. 즉 광역지방자치단체의 관할구역 내의 인구가 50만 명 이하일 때 2명, 50만 명 초과 1백만 명 이하일 때는 4인, 1백만 명 초과 3백만 명 이하일 때는 6인, 3백만 명 초과 6백만 명 이하일 때는 10인, 6백만 명 초과 1천만 명 이하일 때는 13인, 1천만 명 초과 때는 16인으로 각

---

* 20대 국회의 지역구 정수는 253명이므로 그 2분의 1은 126명 내지 127명이다. 따라서 124명은 계산 착오로 보인다.

각 할당한다. 이 경우 광역지방자치단체별로 의원 수는 서울 16명, 경기 16명, 인천 6명, 강원 6명, 충남 6명, 충북 6명, 대전 6명, 세종 2명, 전남 6명, 전북 6명, 광주 6명, 제주 4명, 대구 6명, 경북 6명, 경남 10명, 부산 10명, 울산 6명이 된다. 자치단체 민회의 경우에는 인구 편차가 상대적으로 크지 않으므로 읍·면·동 민회에서 기초지방자치단체 민회를, 기초지방자치단체 민회에서 광역지방자치단체 민회를 구성할 때는 해당 민회당 각각 남녀 한 명씩을 기준으로 한다. 하위 민회에서 상위 민회의원으로 선출되면 그 공석은 예비후보자들이 승계한다.

각 민회의원의 임기는 2년으로 하되, 첫 임기에서만 반수의 임기를 1년으로 정하고 2차 년도에 개선하는 방식으로 하여 1년 단위로 2분의 1씩 개선될 수 있도록 한다.

이와 같은 주장은 필자의 제주특별자치도 민회 주장과 '추첨민회네트워크'의 향후 계획을 참고하여 제기된 것이다. 연방원리와 마을민회권[原權]의 입장에서 본다면 지방자치단체나 국가의 의사결정 과정에 마을정부의 대표가 직접 참여하는 것은 지극히 당연한 일이다. 따라서 양원제 개헌 시 지방자치단체와 국가 차원에서 마을대표형 상원인 추첨민회를 도입해야 한다는 주장에 원칙적으로 동의한다. 다만, 추첨민회의 성격이 마을대표형 상원인 이상 그 명칭은 '마을민회'라고 부르는 것이 더 적절하다고 본다. 또한, 마을민회의 구성 방법에 대해서는 견해를 약간 달리한다.

3. 마을민회의 구성

기초자치단체 차원에서 시·군·구 마을민회를, 광역자치단체 차원에서 시·도 마을민회를, 국가 차원에서 국가 마을민회를 각각 둔다. 다만 기초자치단체가 없는 세종특별자치시와 제주특별자치도에는 시·도 마을민회만 둔다.

시·군·구 마을민회의 의원 수는 해당 시·군·구 관할의 읍·면·동의 수로 하고, 해당 읍·면·동 의원 중 각 1명씩 선정한다. 예컨대, 고양시의 경우 39개 동이 있으므로 고양시 마을민회의 의원 수는 39명으로 하고 39개 동마다 동 의원 중에서 1인을 각 선정한다. 마을민회 의원 선정방식은 추첨선발제를 원칙으로 한다.

시·도 마을민회의 의원 수는 해당 시·도 관할의 시·군·구의 두 배수로 하고, 해당 시·도 관할의 읍·면·동 의원 중에서 각 1명씩 추첨으로 선정한 후 선정한 위원 숫자가 정원을 초과하는 경우 다시 추첨으로 선정한다. 예컨대, 서울특별시의 경우 25개 자치구와 424개의 동이 있는데 서울특별시 마을민회의 의원 수는 50명(25개 자치구×2명)으로 하고, 424개 동에서 각 1명씩 추첨 선정된 424명의 동 의원 중에서 다시 추첨으로 50명을 선정하는 것이다. 단, 시·군·구 마을민회가 없는 세종특별자치시와 제주특별자치도의 경우 마을민회의 의원 수는 해당 시·도 관할의 읍·면·동의 수로 하고, 해당 읍·면·동 의원 중 각 1명씩 추첨으로 선정한다.

국가 마을민회의 의원 수는 미국 상원의 사례처럼 시·도의 인구 규모와 관계없이 시·도 별로 5명씩 할당하여 총 85명(17개 시·도×5명)을 둔다. 의원 선정은 해당 시·도 관할의 읍·면·동 의원 중에서 각 1명씩 추첨 선정한 후 선정한 의원 숫자가 정원을 초과하는 경우 다시 추첨으로 선정한다. 한편, 국가 마을민회의 경우 의원들이 순차로 1년 임기의 10분의 1씩 기간 동안 업무를 수행했던 아테네의 평의회처럼 의원 12명을 한 조로 구성하여 1년 동안 한 명씩 돌아가며 한 달간 업무를 보게 하는 방법도 생각해 볼 수 있다. 이렇게 되면 한 조 12명 중에서 매달 1명이 업무를 보고, 나머지 11명은 다음 순번을 기다리면 된다. 이 경우 업무를 보지 않는 나머지 11명의 의원은 업무담당 의원의 자문 등의 역할을 한다. 의원의 보수는 업무를 담당하는 동안만 지급된다. 이 경우 국가 마을민회의 의원 수는 1,020명(85명×12개월)이 되어 참여의 폭이 훨씬 넓어질 수 있다.

마을민회 의원의 임기는 2년으로 한다. 시·군·구 마을민회 의원, 시·도 마을민회 의원, 국가 마을민회 의원은 겸직할 수 없고, 읍·면·동 의원 중에서 마을민회 의원으로 선출되면 그 공석은 예비후보자가 승계한다.

4. 마을민회의 권한

마을민회의 권한에 대해서는 국가 마을민회를 중심으로 살펴본다. 지방 마을민회의 권한도 이에 준하면 될 것이다.

양원제의 경우 양원의 권한이 대등한 균등양원제와 양원 중 어느 한 원의 권한이 우월한 불균등양원제의 두 가지 형태가 있다. 만일 균등양원제에 입각하여 국회와 대등한 권한을 갖는 국가 마을민회(이하 '민회'라고 한다)가 설치되는 경우 국회와 민회가 대립·충돌하는 경우 그 조정이 쉽지 않다는 문제가 있다. 따라서 민회에 대한 국회의 우월성을 인정하는 불균등양원제가 바람직하다. 이 경우 민회는 다음과 같은 권한을 가진다.

첫째, 입법에 관하여는 우선 민회에게 법률의 제정·개정 및 폐지를 국회에 발의할 수 있는 권한을 부여한다. 민회가 법률안을 발의하는 경우 국회는 정부에게 그 법률안을 이송하여 의견을 받은 후 통상의 입법절차에 따라 처리한다. 다음으로, 정부가 마을의 이해관계에 영향을 미치는 법률안을 발의하는 경우에는 마을의 의견이 반영될 수 있도록 민회의 의견을 구하는 절차를 밟은 다음 국회에 제출하도록 한다. 나아가 국회에서 의결한 법률안에 대해 이의가 있는 경우 재의를 요구할 수 있도록 한다. 민회가 재의를 요구하는 경우 국회는 재의에 부쳐 재적의원 과반수의 출석과 출석의원 3분의 2 이상의 찬성으로 전과 같은 의결을 하면 그 법률안은 법률로서 확정된다.

한편, 국회와 민회 대표 각 7인으로 구성된 조정위원회를 두어 재의 요구된 안에 대해 타협을 시도하고 타협에 실패하면 정부의 요구에 의해 재의에 부치도록 하는 방안도 고려할 필요가 있다. 참고로 프랑스의 경우 타협의 절차로 양원동수위원회를 두고 있다. 즉 하원과 상원의 의견이 일치하지 않는 경우 각원의 대표 7인으로 구성된 14인 조정위원회에서 타협안을 만들되, 타협이 실패하면 정부의 요구에 의해 하원이 최종

결정을 내린다.*

둘째, 예산에 관하여는 정부가 편성한 예산을 1차적으로 민회에서 심의·의결하고, 2차적으로 국회에서 심의·의결하여 확정한다. 이 경우에도 민회에게 국회에서 의결한 예산안에 대한 재의요구권을 부여하고, 국회와 민회의 의견을 조율하기 위해 조정위원회를 두는 것이 바람직하다. 이렇게 되면 국가 예산에 대해서도 마을의 의견이 충분히 반영될 수 있다.

셋째, 그 밖의 민회 권한으로는 국회의원 선거구 획정권, 정부에 대한 감시·통제권, 민회 조직과 운영에 관한 자율권, 민회 의원의 자격심사·징계권, 청원의 심사·처리권 등을 생각해 볼 수 있다.

---

* 한동훈, 『프랑스 헌법상 상원에 관한 연구』, 헌법재판소 헌법재판연구원, 2016, 65~67면 참조.

에필로그

「마을자치기본법」을 제정하자

마을공화국의 3대 조직으로는 마을정부, 마을기금, 마을민회를 들 수 있다. 마을공화국을 실현하기 위해서는 무엇보다도 3대 조직을 법률로 규정하여 제도화하는 것이 필요하다. 물론 처음부터 3대 조직을 완벽한 형태로 규정하는 것은 매우 어려운 일일 것이다. 처음에는 불완전하게나마 일단 규정하고 차차 완벽한 형태로 발전시키는 방법을 택하는 것이 무난하지 않을까? 이와 관련, 2017년 2월 24일 진선미 국회의원이 대표 발의한 「마을공동체기본법안」(이하 '마을법안'이라 한다)이 매우 흥미롭다.

'마을법안'의 입법 취지를 보면 이렇다. 정부는 마을공동체를 회복하기 위해 매년 1조 2천억 원이라는 상당한 예산을 투입하여 다양한 정책과 사업을 추진해 왔다. 하지만 주민 주도가 아닌 국가나 자치단체 중심의 하향식 추진 경향 등으로 효과가 별로 없다. 이에 주민 주도하에 자발적으로 지역사회 현안을 해결함으로써 마을공동체를 회복할 수 있는 법적·제도적 기틀을 마련할 필요가 있다는 목소리가 높아졌고, 드디어 그런 목소리가 반영된 두 개의 법률안이 국회에 입법 발의되었는데 그 중 하나가 바로 '마을법안'이다.* '마을법안'은 마을과 공동체 활성화를 위한 주민의 자율적인 해결 역량 강화와 지역사회 공동체의 신뢰 증진을 통하여 주민자치 구현과 지역사회 발전에 기여함을 목적으로 하고(제1조), 주요 기구로는 마을공동체, 마을공동체재단과 마을공동체기금, 마을공동체위원회 등을 규정하고 있다. 하지만 '마을법안'이 제정되더라도 주민이 주도적·자발적으로 지역사회 현안을 해결할 수 있을지는 의문이다. 기본적으로는 중앙집권적 틀로 짜인 기존의 법체계를 별다른 성찰 없이 그대로 답습한 것으로 보이기 때문이다.

그럼에도 '마을법안'이 주민 주도적 역할을 명실상부하게 부여하는 쪽으로 수정·보완된다면, 마을공동체는 마을정부의

---

* 나머지 하나의 법률안은 2016년 11월 18일 유민봉 국회의원이 대표발의한 「지역공동체활성화기본법안」(이하 '지역법안'이라 한다)이다.

기능을, 마을공동체재단과 마을공동체기금은 마을기금의 기능을, 마을공동체위원회는 마을민회의 기능을 맹아적 수준에서나마 가질 수 있게 된다. 이 점이 내가 '마을법안'에 대해 흥미를 갖는 대목이다. '마을법안'의 내용을 주민 주도로 대폭 수정한 일명 「마을자치기본법안」을 만들어 입법을 추진하는 것은 어떨까? 만일 그런 법이 제정된다면 읍·면·동에서 맹아적 수준에서나마 마을공화국이 구현될 수 있지 않을까?

이에 '마을법안'의 내용을 주요 기구 중심으로 살펴보고 주민 주도적 역할이 실질적으로 부여될 수 있는 방안을 제시해보고자 한다.

우선 주요 기구를 본격적으로 살펴보기 전에 마을에 대한 정의부터 간단히 살펴보자. '마을법안'에 의하면, 마을이란 주민이 일상생활을 영위하면서 사회적·심리적 유대관계를 형성하는 통·리나 읍·면·동의 행정구역을 말한다(제3조 제1호). 마을의 범위를 통·리나 읍·면·동으로 한정하고 있다. 마을공화국은 읍·면·동을 대상으로 하고 있지만 그 점에 대해서는 별다른 이의를 달지 않겠다. 통·리 단위에서도 얼마든지 마을공화국이 세워질 수 있기 때문이다.

이제 주요 기구에 대해 개략적으로 살펴보자.

첫째, '마을법안'은 마을공동체사업의 주체로 '마을공동체'

를 들고 있다. 마을공동체란 주민 개인의 자유와 권리가 존중되고 상호 대등한 관계 속에서 마을에서 발생하는 각종 문제를 해결하고 주민 간의 상호작용을 촉진시키기 위하여 마을주민이 구성하는 다양한 모임, 단체 또는 법인 등의 주민자치공동체를 말한다(제3조 제3호). 마을공동체는 마을만들기사업을 현장에서 집행하는 일선조직으로 마을발전계획을 수립·시행할 수도 있어 사실상 마을정부 역할을 담당한다. 그러나 마을공동체의 실체가 모호하다는 점이 걸린다. 예컨대, 읍·면·동 단위로 마을공동체를 구성하게 되면 주민자치회와 유사·중복 문제가 발생할 수도 있다. 따라서 읍·면·동 단위에서는 마을공동체를 주민자치회로 대체하고, 통·리 단위에서는 주민자치회 분회 형태로 규정할 필요가 있다. 물론 장기적으로는 주민자치회를 넘어 읍·면·동 주민 스스로 법인격과 자치권을 갖는 마을정부를 수립하는 쪽으로 가야 할 것이다.

둘째, 마을공동체 정책의 추진체계를 보면, 기초 및 광역자치단체 차원에서는 마을공동체 활성화에 관한 주요사항을 심의·의결하기 위한 기구로 자치단체장 소속의 '마을공동체위원회'를 두고, 자치단체장이 '마을공동체지역지원센터'를 설치·운영하도록 하고 있다. 중앙 차원에서는 국무총리 소속으로 '마을공동체중앙위원회'를 두고, 행정자치부장관은 '마을공동체중앙지원센터'를 둘 수 있도록 하고 있다. 하지만 위원회와 센터를 국가기관 내지 자치단체장 중심으로 규정하고 있어 국가나 자치단체 중심의 하향식 추진 경향의 폐단이 그대로 답습될 수 있다는 점이 문제다. 주민 주도의 취지를 관철하고자 한다면 위원회는 읍·면·동 주민자치회의 대표기관(마을민회)의 성격을 지닐 수 있도록 구성해야 하고, 센터는 그 대표기관의 사무국이 되어야 한다.

셋째, 마을기금을 보면, 마을공동체가 마을공동체기금을 설치하고 마을공동체재단이 관리·운용할 수 있도록 하고 있다. 그러나 마을기금은 특정 단체나 재단의 자산이 아닌 주민 전체의 공동자산이 되도록 설치·운용되어야 한다. 이를 위해서는, 마을기금을 읍·면·동 단위로 설치하되, 국가 및 자치단체가 출연할 수 있도록 해야 하고, 기금의 공동소유 형태는 주민총유가 되어야 하며, 기금운용심의위원회는 민주적이고 효율적으로 구성되어야 한다.

이처럼 '마을법안'의 문제점을 대폭 개선하여 주민이 주도할 수 있는 「마을자치기본법」이 제정된다면 주권재민을 강화하고 마을공동체를 활성화하는 데 크게 기여할 수 있을 것이다. 장기적으로는 헌법 개정을 통해 우리나라를 마을공화국의 연방국가로 만드는 데 마중물 역할도 하게 될 것이다.

그렇게 되면 우리나라는 시민의 통치와 지배로부터의 자유가 온전히 구현되는 명실상부한 민주공화국으로 우뚝 서게 된다. 3·1혁명이 마을혁명으로 완성되는 것이다. 물론 그 길은 중앙집권과 관치에 익숙한 우리에게는 가보지 않은 길이나 다름없다. 무지와 불확실성에서 비롯된 불안감에 두려움이 생길 수 있다. 그러나 구더기가 무서워 장을 못 담글 수는 없는 일이다. 미래학자 조엘 바커는 이렇게 말했다. "행동 없는 비전은 단지 꿈일 뿐이다. 비전 없는 행동은 시간만 낭비한다. 그러나 행동하는 비전은 세상을 바꾼다." 지금은 행동하는 비전이 필요한 때가 아닐까?

참고 문헌

단행본

강은숙·김종석, 『엘리너 오스트롬, 공유의 비극을 넘어』, 커뮤니케이션북스, 2016.

김영기, 『뉴잉글랜드 타운정부론』, 대영문화사, 2014.

마하트마 간디, 『마을이 세계를 구한다』, 김태언 옮김, 녹색평론사, 2011.

버나드 마넹, 『선거는 민주적인가』, 곽준혁 옮김, 후마니타스, 2004.

아리스토텔레스, 『정치학』, 천병희 옮김, 숲, 2009.

안성호, 『양원제 개헌론』, 신광문화사, 2013.

안영훈·조석주, 『읍·면자치 도입방안 연구』, 한국지방행정연구원, 2014.

어니스트 칼렌바크·마이클 필립스, 『추첨민주주의』, 손우정·이지문 옮김, 이매진, 2011.

엘리너 오스트롬, 『공유의 비극을 넘어』, 윤홍근·안도경 옮김, 랜덤하우스코리아, 2010.

이지문, 『추첨민주주의 이론과 실제』, 이담북스, 2012.

이지문·박현지, 『추첨시민의회』, 삶창, 2017.

자와할랄 네루, 『세계사 이야기』, 사상사회연구소 옮김, 사사연, 1999.

존 킨, 『민주주의의 삶과 죽음』, 양현수 옮김, 교양인, 2017.

최현·정영신·윤여일 편저, 『공동자원론, 오늘의 한국사회를 묻다』, 진인진, 2017.

한동훈, 『프랑스 헌법상 상원에 관한 연구』, 헌법재판소 헌법재판연구원, 2016.

C. 더글러스 러미스, 『간디의 '위험한' 평화헌법』, 김종철 옮김, 녹색평론사, 2014.

E. F. 슈마허, 『작은 것이 아름답다』, 이상호 옮김, 문예출판사, 2002.

논문

고홍근, 「빤짜야뜨 라즈 : 그 과거와 현재」, 『남아시아연구』 14(1), 2008.

김낙년, 「한국에서의 부와 상속, 1917-2013」, 낙성대경제연구소 Working Paper, 2015.

김낙년, 「한국의 부의 불평등, 2000-2013 : 상속세 자료에 의한 접근」, 낙성대경제연구소 Working Paper, 2015.

김대정, 「總有에 관한 民法規定의 改正方案」, 『중앙법학』 14(4), 2012.

김석태, 「알투지우스(J. Althusius)의 정치사상과 지방분권형 헌법개정」, 『지방정부연구』 21(1), 2017.

김영일, 「알투시우스(Johannes Althusius)의 연방주의 연구 ― 지방자치의 이념적 기초로서의 연방적 사회 구성」, 『지방정부연구』 6(4), 2002.

문상덕, 「주민자치조직의 법제화 : 주민자치회에 관한 법률 제정의 방향 모색」, 『행정법연구』 48, 2017.

박승수, 「직접 실무·기획·지휘하는 주민자치위원상 정립 필요」, 『주민자치』 81, 2018.

박홍규, 「간디의 자치사상」, 『석당논총』 59, 2014.

박홍규, 「분권이 아닌 원권으로서의 지방자치」, 『당대비평』 22, 2003.

배득종, 「공유재 이론의 적용 대상 확대」, 『한국행정학보』 38(4), 2004.

신용인, 「추첨 방식의 주민자치위원회 구성에 관한 고찰」, 『지방자치법연구』 16(3), 2016.

신용인, 「제주특별자치도 행정체제 개편과 고도의 자치권 실현 방안」, 『법과 사회』 55, 2017.

신용인, 「마을공화국의 제도화 방안」, 『법학논총』 30(3), 2018.

신용인, 「주민자치 제도개선에 관한 연구」, 『지방자치법연구』 18(3), 2018.

안성호, 「스위스 미러클과 코뮌자치」, 『주민자치』 60호, 2016.

안성호, 「제주특별자치제와 지방분권의 함의」, 『관학공동학술세미나 ― 연방제 수준의 자치분권을 위한 헌법적 과제』, 한국입법정책학회, 2017.

이기우, 「지방분권적 국가권력구조와 연방제도」, 『공법연구』 37(1), 2008.

이기우, 「주민자치회 법제화의 여부와 방법」, 『주민자치 활성화를 위한 법제도 개선방안 토론회 ― 주민자치회 개별입법 필요한가』, 2018.

이지문, 「추첨민회 도입을 통한 양원제 개헌 모색」, 『사회이론』 51, 2017.

임성일, 「주민참여예산제도는 무엇이고, 어떻게 하면 활성화시킬 수 있는
　　가?」, 『2012년도 주민참여예산 위원 통합 교육 자료』, 제주특별자치도,
　　2012.

전상직, 「지원관 파견은 주민들 무시와 불신의 정책적 표현」, 『주민자치』 81,
　　2018.

정지훈, 「주민자치회 도입에 따른 지방자치단체 적용방안의 탐색적 연구 : 용
　　인시를 중심으로」, 『한국정책연구』 16(1), 2016.

존 위티 주니어, 『권리와 자유의 역사』, 정두메 옮김, IVP, 2015.

한귀현, 「지방자치법상 보충성의 원칙에 관한 연구」, 『공법학연구』 13(3),
　　2012.

한종수, 「EU의 정체에 관한 연구 : 연방주의를 중심으로」, 『한독사회과학논
　　총』 20(2), 2010.

진정한 민주공화국을 위하여

마을공화국, 상상에서 실천으로

초판 1쇄 발행   2019년 3월 18일
초판 2쇄 발행   2021년 1월 25일

지은이   신용인
펴낸이   오은지
편집   변홍철 이호흔
표지디자인   박대성
펴낸곳   도서출판 한티재 | 등록   2010년 4월 12일 제2010-000010호
주소   42087 대구시 수성구 달구벌대로 492길 15
전화   053-743-8368 | 팩스   053-743-8367
전자우편   hantibooks@gmail.com | 블로그 www.hantibooks.com

ⓒ 신용인 2019
ISBN   978-89-97090-95-2 04300
ISBN   978-89-97090-40-2 (세트)

이 도서의 국립중앙도서관 출판예정도서목록(CIP)은 서지정보유통지원시스템
홈페이지(http://seoji.nl.go.kr)와 국가자료공동목록시스템(http://www.nl.go.kr/kolisnet)에
서 이용하실 수 있습니다. (CIP제어번호: CIP2019007089)